Mi Mejor Césped

Manual práctico y básico de cuidado de grama

Francisco "Paco" Mieres

Copyright © 2015 por Francisco "Paco" Mieres.
www.mybestgrass.com

ISBN:				Tapa Blanda					978-1-5065-0241-0
				Libro Electrónico				978-1-5065-0244-1

Todos los derechos reservados. Ninguna parte de este libro puede ser reproducida o transmitida de cualquier forma o por cualquier medio, electrónico o mecánico, incluyendo fotocopia, grabación, o por cualquier sistema de almacenamiento y recuperación, sin permiso escrito del propietario del copyright.

Esta es una obra de ficción. Los nombres, personajes, lugares e incidentes son producto de la imaginación del autor o son usados de manera ficticia, y cualquier parecido con personas reales, vivas o muertas, acontecimientos, o lugares es pura coincidencia.

Información de la imprenta disponible en la última página

Fecha de revisión: 15/04/2015

Para realizar pedidos de este libro, contacte con:
Palibrio LLC
1663 Liberty Drive
Suite 200
Bloomington, IN 47403
Gratis desde EE. UU. al 877.407.5847
Gratis desde México al 01.800.288.2243
Gratis desde España al 900.866.949
Desde otro país al +1.812.671.9757
Fax: 01.812.355.1576
ventas@palibrio.com

707618

Índice

Prólogo vii

Capítulo 1
Historia de la grama en los Estados Unidos .... Pág 1

Capítulo 2
Beneficios de tener una buena grama... Pág 5

Capítulo 3
En que Zona habitamos ? .... Pág 10

Capítulo 4
Como está nuestro suelo ? .... Pág 13

Capítulo 5
Tenemos un plan de trabajo anual?.. Pág 32

Capítulo 6
Marzo 20/ Abril 20 – Temprana Primavera –
"Escena Alfa A α"... Pág 34

Capítulo 7
Abril / Junio 20 – Tardía Primavera-
"Escena B β Beta"... Pág 53

Capítulo 8
Junio / Septiembre 21– Verano
"Escena Gamma Γ γ"... Pág 55

Capítulo 9
Septiembre 22 Comienzo del Otoño
"Escena - Delta δ" .... Pág 65

Capítulo 10
Diciembre 21/22 Comienzo del Invierno
"Escena Epsilon E ε" .... Pág 68

Capítulo 11
Siembra – Re-siembra y rollos de césped (tepes).. Pág 70

Capítulo 12
Semillas de grama – Elección para una buena siembra .... Pág 83

Capítulo 13
Tips y Resúmen final .... Pág 90

Prólogo

No debe haber cosa más linda que presenciar en una casa, un edificio, una mansión, un castillo o en un campo de deportes esa grama verde y pura, sin malas hierbas, y donde podamos ver desde niños jugando, personas mayores disfrutando de un hermoso día y deportistas tratando de mostrar sus cualidades y habilidades en su juego.

Una sana y cuidada grama sin duda alguna además de transformar y embellecer ambientes naturales y paisajistas también aumenta el valor de las propiedades.

A modo de ejemplo encuestas periódicas realizadas por proveedores de insumos para jardinería comprueban que las áreas verdes bien cuidadas podrían llegar a valorizar una media de hasta un 16%. Estas encuestas son similares siempre aunque se hagan en diferentes países.

Esto señala las ventajas de mantener una buena grama y también las desventajas de no realizar un buen mantenimiento de la misma. Casi lo mismo que se llega a valorizar, se puede llegar a desvalorizar una propiedad por el mal mantenimiento de su grama hasta en un 15%.

Esto nos lleva a pensar y a valorar la cada vez más importancia de las zonas verdes y paisajistas en los proyectos de construcciones ya sea de un gran inmueble como de una simple casa o edificio de apartamentos

Este es simplemente un dato de la realidad pero hay más beneficios que detallaremos a través de este manual

Con este pequeño manual trato de transmitir a todo aquel que lo deseé mis experiencias de muchos años trabajando como asociado en la industria del retail en empresas relacionadas con el cuidado de la grama a quién les agradezco el haberme involucrado en este tema tan hermoso que es el de la jardinería. Gracias a éstas grandes corporaciones logré transformar un hobby en una profesión.

Otro objetivo que pretendo con este manual es poder ayudar desde mi modesto conocimiento y experiencia a todos aquellos dueños de casa que o por razones económicas o simplemente por el gusto de hacerlo, ellos mismos se encargan del cuidado de su grama y están siempre preocupados buscando información para lograr que su grama se vea linda y saludable. También está mi intención de ayudar a los landscapers algunos realmente profesionales que hemos intercambiado opiniones y experiencias y las cuales muchas de ellas están desarrolladas en este manual, pero también para aquellos que no lo eran tanto pero que el trabajo, la dedicación y sus ganas los hará superprofesionales en el corto tiempo.

A mi me fascina cuando después de un día off o después de mis vacaciones vuelvo a trabajar a la tienda y me comentan mis compañeros de trabajo de que hubo clientes que preguntaron por mi, que querían saber cuando regresaba o cual era mi horario para hacerme una consulta. Me siento que soy importante para ellos. Con esto no quiero decir que mis compañeros no los puedan asesorar, incluso mejor que yo, pero bueno para mi es el mejor premio que puedo obtener : Ser una fuente confiable para el cuidado de su grama.

Imagínense poder estar presente a través de este Manual y poder transmitirles mis conocimientos con la misma simplicidad y pasión que lo hago en la tienda. Sería lo máximo para mi.

También importante es transmitirles que todo el tiempo están surgiendo productos nuevos de distinto tipos (orgánicos, ecológicos, buenos para nuestras mascotas, etc) y debemos estar dispuestos a querer recibir toda esta importante información para nuestro beneficio o para beneficio de nuestros clientes.

Aquella frase que muchas veces oímos "siempre se hizo asi……." a veces no es válida por que las cosas cambian, y debemos estar informados.

Todos los días estamos aprendiendo y además las grandes compañías están más que interesadas en nosotros ya sea por mantener nuestra fidelidad a esa compañía o por servicio al cliente todo esto controlado por el famoso Voz del Cliente (VOC Voix of customers en inglés).

En el mundo empresarial moderno las compañías no compiten tanto en la calidad de los productos (que suponemos que son buenas y semejantes) ni en los precios (que no deberían tener muchas diferencias ya que los costos de producción deben ser similares) sino la batalla está planteada en la disputa por el servicio al cliente

Hoy en el mercadeo moderno, nosotros los clientes somos el valor más importantes para esas compañías y eso debemos aprovecharlo en nuestro beneficio.

Debemos también saber utilizar las nuevas tecnologías como las redes sociales donde mucha de esa información la podemos comentar con otras personas interesadas en el tema y con los propios autores o las propias fuentes de información

Otro objetivo que me encantaría alcanzar sería el de la **"simplicidad" o "fácil de entender"**. Es decir que lo que se exprese en este manual sea entendido por la mayor cantidad de personas. Se debe entender que con este manual pretendo más que nada transferir conocimientos y experiencia. Hoy por hoy tenemos una cantidad de información, incluso podemos integrarnos a foros e intercambiar opiniones con sus autores y de esa manera crecer en nuestros conocimientos aún más.

De ahora en mas con todos estos datos tan importantes iniciaremos todo el proceso de cuidado de nuestra grama que nos ayudará ya sea a valorar nuestra propiedad si somos los propietarios de la casa o a valorar nuestro trabajo si es que somos o estamos tratando de ser profesionales en la jardinería

Capítulo 1

Historia de la grama en los Estados Unidos

Obviamente todos los esfuerzos de este manual y todas sus pretensiones son ayudar a las personas que lo compren que puedan tener y disfrutar una grama sana y fuerte.

Por lo tanto comencemos con un poco de historia que siempre es importante para comprender nuestro presente y proyectarnos hacia el futuro.

Si bien los orígenes de algo parecido a lo que hoy conocemos como grama o césped lo podemos ubicar en la época medioeval, (S. XIV – S.XV) en el Norte de Europa, jamás nadie podría imaginar el volúmen de negocios que hoy representa el cuidado de la grama.

Si bien hoy cualquier ciudadano común puede llegar a tener su casa con un hermoso grass en el frente y fondo de su propiedad en aquellos tiempos este era un privilegio de la alta aristocracia europea que en sus magníficas propiedades sus empleados mantenían con un trabajo muy duro y con herramientas básicas como la guadaña y ayudados por el pastoreo de Ganado lograban mantener un grass corto y parejo.

Ese fue el inicio de lo que luego sería el jardín moderno.

No fue sino hasta el siglo XVII y XVIII, que los jardines y las gramas bien cuidadas se transformaron en áreas sociales de recreo y para disfrutarlas y como un sello de alto status social y se comenzó a tener especial atención y cuidado a grandes extensions de praderas que embellecian las construcciones existentes.

Con este empuje aparecieron los primeros diseñadores de jardines que embellecieron aún más, no solo los alrededores de las casas sino también los espacios públicos.

En América no fue la excepción. No siempre hubo una historia de amor entre la grama y los ciudadanos americanos. De hecho, no fue hasta la revolución industrial que el césped se convirtió en algo importante para la mayoría de los estadounidenses. Anterior a este tiempo las gramas también en América eran vistas como un gasto de lujo para solo los ricos que podían permitirse tener empleados encargados de las instalaciones para mantener las plantas y las gramas a fuerza de herramientas muy poco usadas hoy para trabajar, como las guadañas.

El césped verde, tan comunes hoy en día no existía en América hasta el siglo XVIII

En cambio, el área justo fuera de la puerta principal de las casas especialmente las de la campiña estaba lleno de suciedad en general o algún tipo de jardín donde se podía visualizar una mezcla de flores, hierbas y verduras.

En Inglaterra, sin embargo, las cosas estaban mejor desde el punto de vista de la grama y donde ya muchos de los ricos habían sembrado grama a través de sus propiedades.

Como siempre el viajar y conocer también ayuda a la combinación y desarrollo de culturas y fue así que muchos estadounidenses con el dinero suficiente para viajar al extranjero regresaba a los EE.UU. con el ejemplo Inglés firmemente plantados en su imaginación.

Rápidamente esta costumbre se fue transmitiendo a América como una herencia cultural, especialmente a la aristocracia Americana que le encantaba imitar a la aristocracia inglesa y además fueron aún más adelante: Algunas compañías comenzaron la producción industrial de semillas

Reproducir el césped Inglés no era tan fácil como se había previsto. Las gramíneas nativas de América resultó inadecuado para un césped ordenado y bien controlados, y el clima era menos hospitalario para los pastos ingleses.

Fue recién en 1915, cuando el Departamento de Agricultura de EE.UU. que colaborando con la Asociación de Golf de EE.UU. para encontrar una grama o una combinación de hierbas que crearía una grama duradera, y atractiva en una variedad de climas tan exigente como existe en todo el territorio de nuestro país.

En estas experiencias se incluyó varios tipos de gramas como Bermuda de África, grama azul de Europa, y muchas otras y recién quince años más tarde, el USDA había descubierto varias hierbas útiles y centraron su atención en la creación de los pesticidas, herbicidas y fertilizantes para ellos.

Pero la grama no era el único problema que enfrenta los que quieren el césped perfecto. También estaba el reto de proporcionar agua suficiente para mantener la hierba verde en verano. Cortar la hierba era un desafío mayor también en aquellos tiempos.

Primitivas gramas inglesas eran cortados como ya vimos con guadañas, un proceso costoso que requiere un cierto grado de finura, o se usaba otro sistema más natural que era cuando era "cortado" por el ganado pastando en los verdes.

El corte mecánico como realmente lo conocemos hoy podemos decir que se produjo a principios del siglo XIX y hay un acuerdo general en que un inglés, Edwin Budding, un ingeniero en una fábrica textil, desarrolló una cortadora de cilindro o rodillo. Era una serie de palas dispuestas alrededor de un cilindro con un mango de empuje modelado después de una máquina utilizada en una fábrica de tejidos.

Como muchas veces sucede que se tiene claro lo que se quiere hacer o lo que se necesita realmente pero el llevarlo a la práctica es lo más dificil y la única solución es la experimentación, esta nueva maquinaria tuvo que aguardar más de veinte años para que otros inventores como Thomas Green lograran diseños más prácticos y funcionales

En 1870, Elwood McGuire de Richmond, Indiana diseñó una máquina que, básicamente, trajo empuje de cortar grama a mucha gente.

En 1885, En América se llegó a construir cerca de 50.000 cortadoras de césped al año, y enviarlos a todos los países del mundo. Sin duda una importante producción para la época.

Pero para el norteamericano promedio, el cuidado de la grama seguía siendo un desafío y todo paso que se daba era en beneficio de la grama, la invención de la manguera de jardín y la cortadora rotativa ayudó sin duda a esta tendencia.

Igualmente los céspedes eran demasiado poco práctico para la mayoría de las familias. Con la mayoría de las herramientas necesarias y los tipos de semillas de la hierba existentes en esos tiempos, seguía siendo un poco dificultoso para el dueño de casa promedio hacer crecer un césped sano y vistoso.

Por lo tanto el cuidado de la grama no era una práctica generalizada hasta que el Club Jardín América dio un paso fundamental para el cambio a través de concursos y otras formas de publicidad, y fue así que convencieron a los propietarios de viviendas que era su deber cívico mantener un césped hermoso y saludable.

Tan eficaz fue la campaña del club que se fue tomando conciencia de la importancia de tener una buena grama y no se tardó en comprobar el cambio a una forma aceptada de jardinería.

El club de jardinería iba más adelante todavía por que ya estipulaba algunas normas que siguen vigentes hasta el día de hoy como que la grama apropiada era "una parcela con un solo tipo de césped sin malezas intrusas, mantenido y cortado a una altura de una pulgada y media, de color verde uniforme y bordes cuidadosamente cortados."

Así de esta manera el ciudadano Americano medio entró en la era de cuidado de la grama.

Posteriormente la sociedad también fue evolucionando y en sus ciudades fueron surgiendo la urbanización de las ciudades y también surgieron nuevos conceptos de la jardinería y practicamente era imposible pensar en una propiedad sin su jardín, pensamiento que sigue hasta nuestros dias y seguirá haciéndolo.

En el siglo XIX se produce otro fenómeno : Por un lado se multiplican las plantas perenials en los jardines, lo que le resta espacio para el crecimiento de la grama en las casas y al mismo tiempo las familias ricas comienzan paulatinamente a alejarse de las ciudades e instalarse en las casas de campo. Allí obviamente las areas eran mucho más grandes y no se podian plantar tantas plantas y entonces la grama comenzó a ser más utilizada por los diseñadores, arquitectos y por los dueños de casas que de esa manera tenian en cuenta siempre un área destinada a plantar grama y también a mantenerla de la mejor manera.

La historia que había comenzado en el S.XIV, había llegado para quedarse

Hoy en día, los propietarios de viviendas estadounidenses gastan más de $ 17 mil millones en mejoras para el hogar al aire libre todos los años y más de 26 millones de hogares contratan a un profesional "verde",

Los pequeños pedazos de verde se han convertido en un gran negocio para millones de personas y por una buena razón : Mejorar los campos y el mantenimiento del paisaje, todo forma parte y ayuda a dirigirnos a un mundo mejor.

Hoy la industria de cuidados de jardines da empleo a millones de personas en forma directa e indirecta, y está formado por diseñadores, cortadores de gramas, viveros, empresas suplidoras de fertilizantes etc..

Seámos parte de este objetivo tan hermoso y de un mundo mejor y mas cuidado

Capítulo 2

Beneficios de tener una buena grama

A continuación hablaremos sobre los beneficios de tener una buena y saludable grama, y vamos a descubrir que no solo es un fenómeno visual sino que también tiene otras virtudes y consecuencias que ni nos imaginamos.

Vamos a ver que crea estados continuos y duraderos en el paisaje. Que queremos decir con esto? Pues simplemente que donde hay grama, si la cuidamos verdaderamente, vamos a seguir teniendo grama y será resistente a cualquier inconveniente o mal trato ya sea por parte del ser humano como del clima.

No es casualidad que ante cualquier edificio, sea público, sea un edificio de viviendas, sea una casa para ancianos, lugares religiosos, castillos, escuelas o una casa común y hasta una fábrica, una de las principales preocupaciones de los diseñadores son los espacios verdes que rodearán a esos edificios, pues está comprobado por que un paisaje verde también **afecta a el humor y carácter de las personas,** junto con otras características como desarrollar sentimientos de serenidad y transporta al habitante de las ciudades a un ambiente rural aunque sea por un corto tiempo.

Quién no disfruta y sueña estando sentado en una oficina en su trabajo o desde la sala de su casa y poder ver por la ventana un paisaje verde salpicado de un multicolor ambiente natural ?

Existen otras razones también ya más de carácter técnico como es el **poder de enfriamiento** que tiene una grama sobre la corteza terrestre que es mucho más potente que el poder de enfriamiento de los equipos regulares de aire acondicionado. Este enfriamiento que origina la grama ayuda también a evitar la erosión de la capa superficial del terreno. Se imaginan si en el futuro tuviéramos la capacidad de almacenar ese enfriamiento natural y poder distribuirlo por nuestra casa? Cuanto pordríamos ayudar a cuidar más nuestro planeta para las futuras generaciones.

Como siempre pasa existen defensores y detractores, estos últimos llamados conservacionistas, con opiniones respetables, argumentan que como nada en la vida es gratis debemos analizar que la grama es un consumidor muy costoso de los recursos naturales. Al mismo tiempo los defensores también con opiniones válidas dicen que es un **proveedor natural de nuestro ecosistema**.

Rapidamente podemos ver otras características sobre las gramas sanas y pereniales y además fácilmente comprobables como por ejemplo :

Las gramas sanas y densas operan en el medio ambiente como grandes **absorbentes de lluvias** mucho más que cualquier campo sembrado y ayuda a **mantener los niveles de fósforo** en nuestros ríos y arroyos, un nutriente que como veremos más adelante muy importante para el desarrollo de cualquier planta.

Una grama saludable también **ayuda a contener gran parte del polvo y suciedad** de cualquier área.

Y una de las mas importantes y a veces desconocida consecuencias de tener una grama saludable es que también ayudan a **la purificación del agua subterránea** a través de las raíces las que actúan como verdaderos filtros.

Si pudiéramos ver el funcionamiento de un filtro común de agua en nuestra casa podríamos entender perfectamente la acción de las raíces de las gramas en el filtrado de agua. Cualquiera de estos filtros lo que hacen es degradar los contaminantes que vienen adheridos al agua, pues bueno eso es lo que hacen las raíces de las gramas en forma natural y no mecánica.

Sin lugar a dudas una grama saludable y vibrante, como ya mencionamos anteriormente, también **aumenta el valor del mercado inmobiliario de una casa y su posibilidad de venta.** Durante mucho tiempo se ha mencionado que el paisajismo adecuado y bien mantenido incluida su grama agrega un mínimo de 15 % al valor de la vivienda

Yo creo que en este caso en realidad no son tan diferentes las opiniones de defensores y detractores de la grama, incluso creo que no se contradicen tanto y que la voz de los detractores se pierden un poco ante la realidad de poder conservar una grama sana y pura.

Dentro de las características que no se pueden negar encontramos que **puede funcionar como un retardador o ayudar que no se propague el fuego alrededor de un edificio o ayudar a absorver parte del ruido**

Puede **reducir también la contaminación** del aire al absorber el dióxido de carbono y dióxido de azufre y pues bien manteniendo jardines caseros saludables se puede ayudar a **reducir las molestas plagas de insectos** al mismo tiempo que proporciona un lugar para la diversión y el entretenimiento de la familia

En conclusión tener un bonito jardín que rodea su casa no sólo mejora la calidad de su vida como ya vimos anteriormente, sino que también mejora el valor de su casa y ayuda ecológicamente filtrando el agua y el aire que pasa a través de él. En eso todos coincidimos.

Pero estos beneficios tienen un costo asociado con ellos. Nada es gratis y por lo tanto surgen algunos esfuerzos que debemos hacer y que no lo debemos tomar como desventajas de tener una linda grama, sino por el contrario será siempre en beneficio en todo sentido.

Un césped saludable es aquel con un buen sistema de raíces que se desarrolla a través del corte del césped a la altura adecuada y con acertada frecuencia. Si lo hacemos a destiempo y a una altura no suficiente será una pésima experiencia y además frustrante por no poder ver la grama como debe siempre estar : bien verde

Para verse bien, un césped necesita un buen equilibrio de los productos químicos para sobrevivir. Todas las gramíneas tienen una gran demanda de ciertos productos químicos como el nitrógeno, para mantenerse en forma. Sin aplicaciones regulares y oportunas de fertilizantes correctamente equilibradas que incluyan especiales de micro-nutrientes, un césped pierde su vitalidad y disminuye su capacidad para resistir enfermedades y ataques de insectos.

Los pesticidas (utilizado generalmente para matar o para rechazar a parásitos de todos los tipos, incluyendo insectos) son, probablemente, la mayor desventaja de poseer un césped de alta calidad. Los pesticidas pueden ser dañinos para todos los interesados y cuidado extremo debe ser tomado en su uso. Es recomendable usar mejor en pequeñas dosis y solamente cuando sea necesario.

Los pesticidas pueden ser dañinos y no debe ser tomado a la ligera por los propietarios de viviendas sólo porque pueden comprar dichos productos en la ferretería local. La mayoría de los insectos son beneficiosos para nuestro ecosistema y no representan una amenaza para el césped, pero eso es difícil de aceptar por muchos dueños de casa que no aceptan todo el circuito de nuestro ecosistema.

También si se utiliza y no se almacenan correctamente, los plaguicidas pueden hacerte daño, a sus hijos y sus mascotas (incluso fatalmente).

Los herbicidas (normalmente para matar ciertos tipos de plantas, tales como malas hierbas) son también una desventaja. Los dueños de casa también quieren exterminar cuanto antes cualquier indicio de malas hierbas aunque sea simplemente eso un indicio que muchas veces se puede solucionar de la manera más natural o sea se puede quitar con la mano y no usar químicos o simplemente dejándola si su molestia no es tan aguda.

Igualmente el tratamiento localizado de malas hierbas es el preferido y lo mejor es que las malezas invasoras deben ser controladas anualmente antes de convertirse en un problema importante que es caro y lleva mucho tiempo para corregir.

En el caso de pesticidas y herbicidas la proporción de aplicación es también importante. Los propietarios suelen sobre-aplicar plaguicidas y los resultados pueden ser devastadores.

Lo que si debemos ser en estos momentos es ser " coherente" y esto lo resumo en mi experiencia como empleado por muchos años de tiendas especializadas en estos temas.

Es común que en las estaciones primavera/verano la gente vaya a estas tiendas y compre o semillas de vegetales o ya las plantas crecidas para cumplir con un rito, digamos que cultural de los que vivimos en este país que es el cultivo de distintos vegetales en nuestro hogar, ya sea que vivamos en un apartamento o en una casa.

Cada vez más los consumidores compran productos orgánicos, ya sea tierra y fertilizantes etc., pero muchos de estos consumidores al primer indicio de la aparición de insectos se ponen muy nerviosos y acuden a las tiendas en una búsqueda desenfrenada de insecticidas y/o pecticidas.

Muchas veces no se asesoran debidamente y compran o lo primero que ven, o lo más caro (existe un concepto muy fuerte en nuesta sociedad de que lo caro es lo mejor y eso no siempre es cierto).

Ser "coherente" significa que si utilizamos productos organicos, debemos seguir utilizando esos productos y además entender que todo lo orgánico es un sistema que debemos respetar y no mezclar diferentes intereses.

Son diferentes conceptos entre lo regular y lo orgánico.

De acuerdo a mi experiencia les puedo decir que existe un concepto usado más desde el punto de vista industrial que doméstico pero que nos ayudará también a controlar cualquier plaga o invasión de insectos si lo utilizamos adecuadamente.

Es lo que la industria se llama Manejo Integrado de Plagas (MIP).

Que pasos debemos hacer? Bueno primero igual que el gran agricultor debemos investigar e identifcar el insecto o la plaga que tenemos en nuestras plantas y posteriormente buscar el producto específico para combatirla y así de esa manera reduciríamos los riesgos, ya sean ambientales como los riesgos de aplicar productos que no sean eficaces.

De que manera podemos hacerlo ? pues de una manera bien fácil, tomar muestras y llevarlas a la tienda y pedirle a algún empleado certificado que le ayude a identificar la plaga, enfermedad o insectos que ud. ha llevado y el correspondiente producto a utilizar.

Lo ideal es llevar las muestras en bolsas de nylon transparente para un mejor análisis visual.

De cualquier manera siempre debemos tener en cuenta una frase muy usada por los paisajistas y entendidos en el tema de la jardinería :

"Todo lo que sea bueno para la grama y el jardín lo será para nuestro medio ambiente"

Capítulo 3

En que Zona habitamos ?

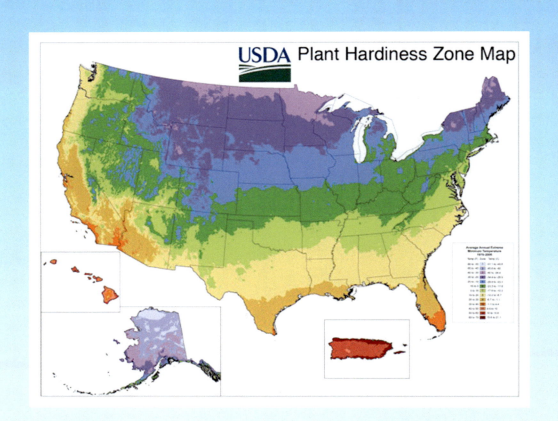

USDA Hardiness Zones and Average Annual Minimum Temperature Range

Zone	Fahrenheit	Celsius	Example Cities
1	Below -50 F	Below -45.6 C	Fairbanks, Alaska; Resolute, Northwest Territories (Canada)
2a	-50 to -45 F	-42.8 to -45.5 C	Prudhoe Bay, Alaska; Flin Flon, Manitoba (Canada)
2b	-45 to -40 F	-40.0 to -42.7 C	Unalakleet, Alaska; Pinecreek, Minnesota
3a	-40 to -35 F	-37.3 to -39.9 C	International Falls, Minnesota; St. Michael, Alaska
3b	-35 to -30 F	-34.5 to -37.2 C	Tomahawk, Wisconsin; Sidney, Montana
4a	-30 to -25 F	-31.7 to -34.4 C	Minneapolis/St.Paul, Minnesota; Lewistown, Montana
4b	-25 to -20 F	-28.9 to -31.6 C	Northwood, Iowa; Nebraska
5a	-20 to -15 F	-26.2 to -28.8 C	Des Moines, Iowa; Illinois
5b	-15 to -10 F	-23.4 to -26.1 C	Columbia, Missouri; Mansfield, Pennsylvania
6a	-10 to -5 F	-20.6 to -23.3 C	St. Louis, Missouri; Lebanon, Pennsylvania
6b	-5 to 0 F	-17.8 to -20.5 C	McMinnville, Tennessee; Branson, Missouri
7a	0 to 5 F	-15.0 to -17.7 C	Oklahoma City, Oklahoma; South Boston, Virginia
7b	5 to 10 F	-12.3 to -14.9 C	Little Rock, Arkansas; Griffin, Georgia
8a	10 to 15 F	-9.5 to -12.2 C	Tifton, Georgia; Dallas, Texas
8b	15 to 20 F	-6.7 to -9.4 C	Austin, Texas; Gainesville, Florida
9a	20 to 25 F	-3.9 to -6.6 C	Houston, Texas; St. Augustine, Florida
9b	25 to 30 F	-1.2 to -3.8 C	Brownsville, Texas; Fort Pierce, Florida
10a	30 to 35 F	1.6 to -1.1 C	Naples, Florida; Victorville, California
10b	35 to 40 F	4.4 to 1.7 C	Miami, Florida; Coral Gables, Florida
11	above 40 F	above 4.5 C	Honolulu, Hawaii; Mazatlan, Mexico

Obviamente es sumamente importante la región donde habitemos y especialmente en un país con tan variados tipos de climas dada su gran extensión y por eso la pregunta que siempre nos hacemos antes de comenzar ya sea el cuidado y siembra de nuestra propia grama como en nuestros trabajos para clientes si nuestro negocio es justamente el de Landscaper :

Sobrevivirá el invierno y las inclemencias del tiempo esta grama que estoy plantando en esta región ?

Lo primero que nos debemos fijar es en que área vivimos para saber elegir todos los elementos que nos ayudarán a tener una buena grama y el mejor instrumento es el llamado Hardiness Map confeccionado por el Departamento de Agricultura de los Estados Unidos (USDA por sus siglas en Inglés) y el cual detallamos en el inicio de este capítulo.

Este mapa se divide en once zonas y cada una de ellas tiene un promedio anual mínimos de temperatura.

Debemos tener en cuenta también que las zonas de este mapa en algunos casos no coinciden con la totalidad de un estado, dicho de otra manera : un estado puede estar identificado con más de una zona de este mapa debido a la extensión de los mismos.

Cada zona de dos a 10 se compone de una parte A y una parte B. Esta división representa sutiles diferencias de temperatura entre la parte norte y sur de la zona.. Además de utilizar las temperaturas de invierno en distinción de zona, otros problemas ambientales entran en juego. El tipo de paisaje y el suelo, por ejemplo, puede afectar el tipo de plantas y grama que pueden ser cultivadas en una zona. Otros factores son la humedad, contenido de humedad, la luz solar y la eólica.

De acuerdo a este mapa y a las características de las zonas veremos más adelante los tipos de semilla de grama que podríamos utilizar para cada una de ellas

Cada zona abarca aproximadamente diez grados Fahrenheit. La zona de más resistencia al frío en los Estados Unidos es la zona uno que representa las áreas que alcanzan regularmente por debajo de -50 grados Fahrenheit cada invierno.

En la zona dos, las temperaturas oscilan entre -50 grados a -40 grados Fahrenheit. Zona Tres cubre -40 grados a -30 grados Fahrenheit. La temperatura de la zona cuatro van desde -30 grados centígrados a -20 grados Fahrenheit. Las temperaturas continúan divididos en secciones de 10 grados Fahrenheit, concluyendo con la zona 11.

Capítulo 4

Como está nuestro suelo ?

Esta pregunta deberíamos hacerla cuando compramos una nueva propiedad y cada año al inicio de cada primavera cuando comenzamos a preocuparnos por nuestra grama y es precisamente cuando comienza cada año el ciclo de cuidado de la grama. El tiempo justo sería al final del invierno o lo que comunmente se llama Temprana Primavera (Early spring en inglés)

No olvidemos la importancia que tiene la grama y el jardín en la valoración de una propiedad.

Siempre es un tema para los Real Estate cuando van a mostrar una residencia y los interesados tienen la primera impresión en la grama y en el jardín y la primera impresión tiene mucho que ver en el estado de ánimo de los interesados para recorrer toda la propiedad.

Tampoco olvidemos que la primera impresión es la que vale.

Para comenzar a hablar sobre el suelo debemos contestar tres preguntas muy importantes que nos ayudarán a entender algunos resultados del análisis que realicemos del mismo : **Que es el suelo?, Cómo se formó el suelo? Y como está compuesto el suelo?**

Voy a intentar contestar estas preguntas de la manera más simple y al simple efecto de informarnos del por que del trabajo que vamos a realizar.

Qué es el suelo?

De todas las definiciones que he visto en distintas publicaciones he hecho una que todos nosotros siempre la vamos a recordar por su simplicidad :

Suelo es el conjunto de todos los elementos naturales que cubren la superficie terrestre, lo que nosotros vemos a simple vista y lo que está por debajo de esa superficie y que no vemos a simple vista y que nosotros vamos a utilizar para nuestros trabajos, ya sean simples como plantar una planta o un árbol o utilizar extensiones mas grandes para plantar grama.

Esto trae acompañado otra pregunta : Esa superficie se puede modificar ? La respuesta es SI, a veces modificado ya sea por los cambios climáticos o algún desastre natural como una tormenta o un sunami etc. o modificados o aún construidos por el hombre con distintos materiales ya sean químicos u orgánicos

Por eso la importancia de tener siempre antes de comenzar algún trabajo serio, un **testeo de su suelo (Soil Test en inglés)** que lo veremos mas adelante.

Como se formó el suelo ?

Esta claro que lo que comunmente llamamos "roca", con su aporte masivo de minerales, es un factor importante en la formación del suelo

La roca es la fuente de todos los materiales sólidos que forman el suelo. Es decir para que se entienda bien : la tierra común en la que vamos a trabajar en algún momento fue roca.

Si bien hoy estamos viviendo cambios climáticos y atmosféricos todos los días, que producen cambios tanto en los suelos como en los mares, cuando hablamos de "tiempos" en forma genérica en el suelo, nos referimos a cambios que se han producido desde hace cientos o miles de años hasta nuestros dias.

Queda claro que no estamos hablando de nuestro limitado concepto de tiempo.

Todos esos cambios químicos y físicos que ocurrieron y ocurren en nuestro suelo lo conocemos con el nombre de **Erosión**.

La Erosión incluye tales procesos físicos como la congelación y descongelación, y la acción del viento, el agua en movimiento y el hielo glacial. Químicamente, los minerales de la roca se van descomponiendo y se comienza a formar lo que comunmente conocemos como **arena**

Al mismo tiempo se va produciendo otro fenómeno en el suelo, es el movimiento del agua a través del suelo que transporta partículas de tamaño muy pequeño minerales, comunmente llamadas **Arcilla**. Las partículas de arcilla se depositan en la capa de subsuelo. Esto hace que los subsuelos se enriquecen de arcilla mucho mas que el propio suelo.

Además de la Roca y la Arcilla hay otros factores influyentes como **restos vegetales y animales**, que también constituyen un factor importante en la formación del suelo

Las plantas también producen materia orgánica en el suelo formando **dióxido de carbono** que se disuelve en el agua del suelo y forma ácido carbónico. Este ácido acelera la erosión química. La erosión química por otro lado, hace que los elementos que son esenciales para el crecimiento de las plantas se vuelva alimentos para las plantas nuevamente.

Si se comparan los suelos de la regiones húmedas y los de las regiones áridas salta a la vista el importante papel que también juega el **clima** en la formación del suelo y por ende en las propiedades del suelo

Por otra parte, si analizamos la distribución de los suelos en una zona montañosa, observaremos como los suelos se encuentran escalonados en el paisaje lo que nos da a entender también la importancia de un factor muy importante como lo es el **tiempo** en la formación del suelo.

Otro factor importante que debemos estudiar en la formación del suelo es el **Relieve**

Esto lo vemos claramente en una montaña donde por acción de la **gravedad** de la parte alta descienden materiales hacia la parte baja de la ladera donde se depositan

El relieve también influye en la **cantidad de agua**.

En relieves convexos el agua de precipitación circula por la superficie hacia las zonas más bajas del relieve y se crea un área de aridez local, mientras que lo contrario ocurre para las formas con relieve cóncavo donde se depositará el agua que ha descendido

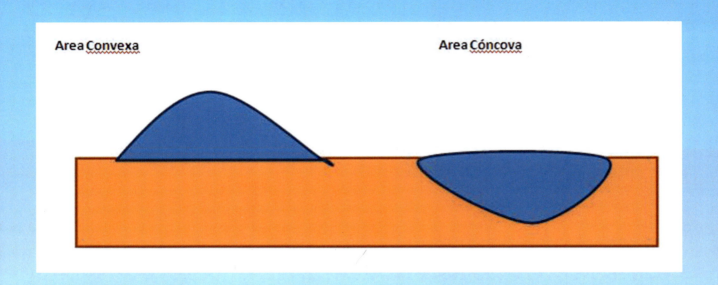

También el **drenaje del suelo** se verá influenciado por el relieve, ya que este influye decisivamente en la textura del suelo

El relieve también modifica las características del **clima** ya que influye en la temperatura y en la humedad de acuerdo a la inclinación y a la altura.

Como está compuesto el suelo ?

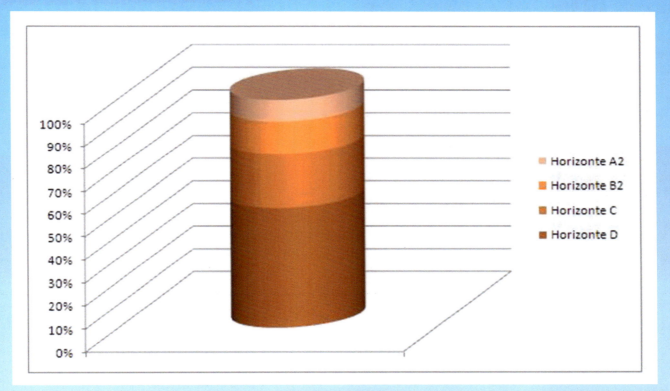

Horizontes del suelo

Acabamos de ver que la erosión y el crecimiento de plantas generalmente se presentan juntos en la formación del suelo. Por lo tanto, los suelos son generalmente una mezcla de materia mineral y materia orgánica

Para un mejor entendimiento se suele hablar de **Horizontes**

Se denomina horizontes del suelo a una serie de niveles horizontales que se desarrollan en el interior del mismo y que presentan diferentes caracteres de composición, textura, adherencia, etc.

Cuando hablamos de **perfil del suelo** es la ordenación vertical de todos estos horizontes.

Aunque nuestro objetivo principal del libro es de que sea un manual que todos nosotros podamos entender es importante saber de que estamos hablando y por lo tanto es muy bueno entender algunos términos que nos ayudarán en nuestro trabajo. Clásicamente, se distingue en los suelos completos o evolucionados **cuatro horizontes** fundamentales que desde la superficie hacia abajo son:

- Horizonte 0, "Capa superficial del horizonte A" del cual forma parte formando una unión Es lo más superficial y en él se adhiere la vegetación herbácea. Su color es generalmente oscuro por la abundancia de materia orgánica descompuesta o humus elaborado, determinando el paso del agua arrastrándola hacia abajo, de fragmentos de tamaño fino y de compuestos solubles. En definitiva es lo que lo se ve.

- Horizonte B o zona de precipitación: Carece prácticamente de humus, por lo que su color es más claro, en él se depositan los materiales arrastrados desde arriba, principalmente, materiales arcillosos, óxidos e hidróxidos metálicos, carbonatos, etc.,

- Horizonte C o subsuelo: Está constituido por la parte más alta del material rocoso, sobre el que se apoya el suelo.

- Y por ultimo el Horizonte D u horizonte R o **material rocoso**: es el material rocoso subyacente que no ha sufrido ninguna alteración química o física significativa con el paso del tiempo.

Los caracteres, textura, estructura y medidas de los horizontes pueden variar ampliamente, pudiendo llegar de un horizonte A de centímetros a metros.

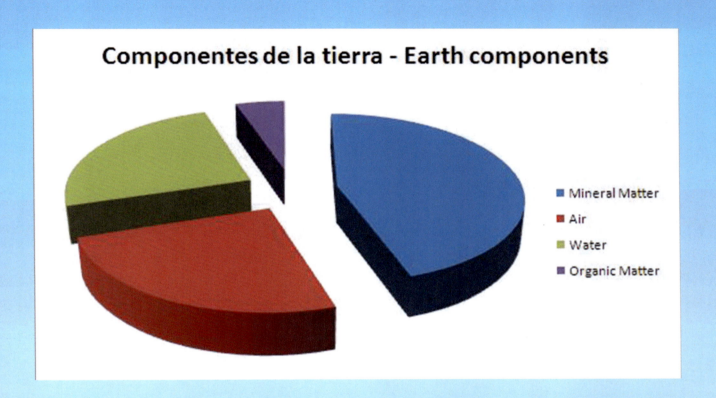

Cuando vemos los diversos componentes de la tierra y su relación con el crecimiento de la planta distinguimos que como muestra la figura anterior está formado por un 45% de partículas o material mineral, un 50% de espacio poroso por donde circula aproximadamente en partes iguales el agua y el aire y por último un 5 % de material orgánica.

Sin duda nos sorprenderíamos al ver que un suelo en un parque, jardín o en un césped en una escuela podría estar cerca de la mitad del espacio de poros.

A continuación enumeramos algunas características de las diferentes materias químicas y orgánicas que componen el suelo:

Partículas Minerales (45% del suelo)

Nutrientes de arena y otros componentes esenciales para las plantas por ser solubles para ellas.

Partículas de arcilla de tamaño muy fino que proporciona la mayor parte de la superficie para la adsorción de agua y nutrientes en la mayoría de los suelos.

Materia orgánica (5 % del suelo)

Proporciona nutrientes esenciales para las plantas

Forman suelos fáciles de cultivar y es capaz de absorber el agua rápidamente

Es un componente muy importante de los suelos, ya que proporciona el hogar natural para los millones de bacterias que son tan vitales para las muchas reacciones biológicas y químicas necesarias para mantener la vida vegetal

El efecto acumulativo de todos estos factores hace de la materia orgánica un componente muy importante de un buen suelo. La preservación de la materia orgánica en el suelo es de suma importancia,

Un buen suelo debe tener entre tres y cinco por ciento de materia orgánica

Espacio poroso

Raíces de las plantas viven en los espacios porosos

Un poco de agua se almacena en los poros

Poros también contienen oxígeno necesario para la respiración de las raíces

Poros permiten que el oxígeno se difunda en el suelo y el agua el drenaje del exceso

Todas las plantas y por supuesto la grama necesitan tomar del suelo 13 de los elementos minerales mencionados anteriormente.

Son los **nutrientes minerales esenciales**. De tal manera que si en un suelo no hubiese nada, cero gramos, de cualquiera de ellos, la planta y la grama moriría, puesto todos son **imprescindibles**.

Afortunadamente, en los suelos siempre hay de todo, por lo menos algo, aunque en unos más que en otros. No obstante, se pueden presentar carencias. Un ejemplo muy típico es el del Hierro (Fe). En suelos de pH alto, es decir alcalinos (calizos) es frecuente que falte el Hierro que se encuentra como mineral que no puede ser tomado por las raíces.

A continuación solo los nombraremos y, más adelante cuando hablemos del tema de la fertilización de la grama, detallaremos cual es el aporte específico al cesped.

Estas 13 elementos minerales esenciales e imprescindibles se agrupan en dos grandes grupos :

- Macronutrientes y
- Micronutientes

Los Macronutrientes son los elementos requeridos por el suelo en grandes cantidades especialmente los tres primeros

- Nitrógeno (N)
- Fósforo (P)
- Potasio (K)
- Calcio (Ca)
- Magnesio (Mg)
- Azufre (S)

Los Micronutrientes u oligoelementos son los elementos requeridos en pequeñísimas cantidades

- Hierro (Fe)
- Zinc (Zn)
- Manganeso (Mn)
- Boro (B)
- Cobre (Cu)
- Molibdeno (Mo)
- Cloro (Cl)

¿Cómo se sabe la cantidad de cada uno de estos nutrientes que tiene un suelo?

Mediante un análisis de la tierra hecho en un laboratorio que analicen suelos o con alguna empresa de Landscaping que está capacitada para hacerlo y de hecho existen varias, o ud. mismo lo puede hacer quizás no en una forma perfecta pero sí le estaría dando una idea primitiva del estado de su suelo. Mas adelante le diremos como hacerlo y donde conseguir los materiales apropiados.

Esa sería la respuesta lógica pero la experiencia me indica que una cantidad importante de personas nunca hace un análisis de la tierra de su jardín por que algunos piensan que ese tipo de análisis es muy costoso, otros por que consideran que no es necesario y confían ciegamente en la generosidad y fertilidad de nuestra tierra y otros simplemente por que creen que en el consejo de hacerlo va implícito en la persona o empresa que lo hace con la intención de sacarle dinero y hasta desechan hacerlo ellos mismos comprando algunos instrumentos o herramientas básicas para llevarlo a cabo.

Más adelante detallaremos con argumentos que estos pensamientos son totalmente infundados y que los beneficios de hacer un estudio de su suelo son mucho mas provechosos que lo que ud.,piensa y que además le hará el efecto inverso a lo que piensa por que ahorrará dinero.

Pero si a pesar de todo sigue excéptico y se niega a hacer un estudio del suelo, le voy a dar algunos consejos técnicos que lo ayudará al menos a que ud., mismo pueda observar su terreno y tomar algunas conclusiones:

Un suelo rico en descomposición de material tanto animal como vegetal (comunmente conocido como humus) es rico en Nitrógeno. Cuanto más estiércol (excremento de cualquier animal), mantillo o turba (materia orgánica descompuesta)se eche, más Nitrógeno tendrá (y por supuesto, más humus). Recuerde: cuando aporta materia orgánica a un suelo está consiguiendo dos cosas:

Humus y

Nutrientes minerales (nitrógeno, fósforo, potasio, azufre,...).

Mediante los abonos o fertilizantes aportamos al suelo esos nutrientes minerales que las plantas van consumiendo. Si no lo hiciéramos se agotarían más tarde o más temprano.

Se puede fertilizar con dos tipos de abonos:

- **Abonos orgánicos.**

- **Abonos químicos o minerales.**

Los abonos orgánicos como el estiércol, el compost, compost manur, la turba, etc. aportan de todo, pero en poca cantidad y lentamente. Sus beneficios son más como mejorantes de la tierra, al formarse humus que como suministrador de nutrientes.

Los abonos químicos o minerales lo único que aportan son nutrientes puro, ni humus ni mejora del suelo en otros aspectos como hacen los abonos orgánicos. Eso sí, enriquecen de minerales el suelo y la grama se beneficia de alimento en cantidad, pero nada más.

Se podría abonar sólo con los orgánicos, tendrían de todo, pero sale caro y en determinados momentos hacen falta grandes cantidades de nitrógeno y de los demás elementos y los abonos orgánicos no pueden suministrarlo ya que ellos van descomponiéndose lentamente, a su ritmo, según el clima y el tipo de suelo.

En conclusión :

Podemos aportar cualquiera de los 13 elementos esenciales. Sin embargo, la mayoría de abonos o fertilizantes que compramos comercialmente y usamos suelen incluir sólo 3: el **Nitrógeno, el Fósforo y el Potasio**. (este orden es importante por que ese es el orden usado por los fabricantes para detallar el porcentaje en las bolsas donde viene el producto)Son igual de importantes que los otros 10 restantes, lo que pasa es que el suelo necesita mucha más cantidad de éstos que de ningún otro. Un abono que también lleve otros elementos, siempre será bueno, indudablemente. **El Hierro**, es de los pocos que se usa de vez en cuando como fertilizante. Si se detectara alguna carencia específica en alguno de estos 13 elementos o varios, se podría remediar con un abono que contuviese ese o esos elementos que están faltando en el suelo. Pero para eso es importante un **test del suelo**

Otra cosa importante : **La fertilidad del suelo**. Esta disminuye cuando la cosecha se cultiva en la misma tierra en varias ocasiones y por la erosión del suelo. La erosión del suelo se refiere a la eliminación física de las partículas del suelo de su lugar original y el transporte a otros lugares. Por lo tanto para prolongar la fertilidad del suelo se puede hacer ya sea por los esfuerzos humanos (aplicación de abonos, bio-fertilizantes, abonos químicos para el suelo de los campos de cultivo, etc) o por los procesos naturales

Ahora bien, habiendo ya estudiado qué es en definitiva el suelo, cómo se formó el suelo y cómo esta compuesto el suelo, ahora nos toca responder a la pregunta que da el título a este capítulo, **como está nuestro suelo ?**

Antes de entrar en lleno en la respuesta deseo aclarar un punto importante que también se debe tener en cuenta:

No hay dos suelos iguales. Cada uno tiene sus propias características físicas, químicas y biológicas. El de su vecino no es igual que el suyo. Se puede parecer mucho, pero seguro que hay variaciones. Por ejemplo, el contenido en nutrientes: si tú has fertilizado la tierra durante años con compost, será más rica en humus y en nitrógeno que otra que nunca recibió esas aportaciones.

Aun dentro de tu jardín, sobre todo si es grande, **habrá zonas diferenciadas**. Por ejemplo, si está en pendiente, la zona baja será más profunda en cuanto a tierra fértil, ya que habrá recibido suelo erosionado de la zona superior y ahí crecerán más las plantas, o si por ejemplo es un área que tiene partes con sombras y áreas de sol pleno combinadas. Por eso es que cuando se estudia el suelo de una parcela grande, de uso agrícola por ejemplo, se toman muestras de diferentes puntos y se analizan por separado: el suelo que está junto a un arroyo no es el mismo que el de lo alto de un cerro porque su formación geológica es diferente.

En casas de familia para saber en forma más certera usualmente se toman muestras por separado del frente de la casa y de la parte detrás de la misma y además se toman en cada área varias muestras y se mezclan al final para tener una idea más clara y generalizada del resultado del análisis.

Como ya dijimos antes para poder contestar esta última pregunta deberíamos hacer un análisis del suelo, (soil test en inglés) y de esa manera contar con la mayor información posible de nuestro suelo y de esa manera poder hacer una elección acertada ya sea desde el tipo de grama, los fertilizantes y todo aquello que nos beneficie no solo desde el punto de vista estético sino también económicamente por que invertiremos en lo que realmente tendremos más posibilidades de mejorar nuestra grama y su performance.-

Como hacer un estudio de suelo ? (Soil test en ingles)

Una prueba del suelo es un proceso por el cual los elementos que lo forman son medidos en el propio suelo extrayendo una muestra y a través de un proceso químico. La cantidad de nutrientes disponibles en la muestra determina la cantidad de fertilizante que se recomienda. Una prueba del suelo también mide el pH del suelo, la materia húmica y acidez intercambiable. Estos análisis indican si la cal (lime en inglés) se necesita y, si es así, cuanta cantidad se debe de aplicar.

Como ya dijimos anteriormente podemos hacer el estudio del suelo, de la manera más fácil y por nosotros mismos hasta de diferentes maneras más sofisticadas pero al final lo que lograremos sera nuestro objetivo: Saber cual es la composición y las carencias de nuestro suelo. Este estudio de cualquier manera, nos dará una fotografía actual y real de nuestro suelo en ese preciso momento y de hecho podrá cambiar en el futuro, por eso se recomienda un estudio del suelo al comenzar todo el proceso del cuidado de la grama que es siempre en la temprana primavera.

Existen como dijimos antes desde simples y prácticos kits para análisis de suelos bien básicos que vienen generalmente con cuatro pequeños tubos de ensayos cada uno de ellos con una píldora de distinto color, que corresponde a un reactivo químico que una vez mezclado con agua y la muestra del suelo en el tubo respectivo,y de acuerdo al color que tome la muestra nos dará la medida cercana de los nutrientes y del ph del terreno.

Estos son los más económicos pueden valer desde cuatro a cinco dólares de acuerdo a la marca, luego los hay electrónicos más fáciles de usar que oscilan entre ocho a nueve dólares.

Luego se encuentran otros más sofisticados y tenemos precios que pueden llegar hasta trescientos o más dólares.

Entre los dos extremos existen kits de diferentes laboratorios todos ellos muy completos donde podemos analizar no solo una vez sino varias veces porque cuentan con cantidad suficiente de reactivos químicos para testear nuestro suelo y que se pueden almacenar y el precio oscila entre los treinta y sesenta dólares. Todos ellos muy fácil de usar y con instrucciones muy claras que lo transforman en un laboratorista eficiente.

Todos estos productos se encuentran en tiendas mayoristas, minoristas, nuerseries y en tiendas online

Hay además grandes compañías distribuidoras de tierra, semilla de grama, o fertilizantes a las cuales les interesa la fidelidad de sus clientes y tienen un servicio al cliente donde se puede llamar y concretar una cita para ellos pasar a retirar la muestra de tierra de su propiedad y en el plazo de una semana le devuelven no solo los resultados sino también un plán de mantenimiento de su grama.

Este es un servicio que puede oscilar desde gratis hasta no más de cincuenta dólares.

Cualquiera de los test que se elija tienen un punto en común muy importante para tener éxito y es la extracción de las muestras de la cual dependerá la buena lectura de los datos obtenidos.

Se debe tener en cuenta algunos pasos :

1. Establecer áreas de muestreo. Como dijimos antes, la tierra de nuestro jardín puede ser variable de acuerdo al área. Debemos dividir el suelo en distintas áreas de muestreo que nos permitirá

luego definir hasta el tipo de grama que podremos usar mejor y hasta las plantas o árboles que pudiéramos plantar.

2. Tomar muestras compuestas. Tomamos de las distintas áreas y mezclamos al menos cinco muestras al azar. Esto nos asegurará que los resultados sean representativos del total del área muestreada.

3. Algunas de las muestras las debemos tomar de la zona de las raíces o sea de donde están creciendo plantas y a una profundidad compatible con el desarrollo de las raíces. No olvidemos que esa zona en particular es donde se hace la transferencia de nutrientes desde la tierra a la planta. Lo ideal es tomar estas muestras a dos o tres pulgadas por debajo de la superficie del suelo.

4. Estar seguro de que las muestras del suelo están libres de objetos extraños.

Una vez ya obtenida la muestra y haberla puesta en una bolsa o recipiente hay que proceder de la siguiente manera :

- Separe la muestra sobre una hoja de papel o plástico limpia
- Permita que la muestra se seque por varias horas naturalmente. No utilice otro método para secar.
- Remueva objetos extraños como hojas, ramas o piedras si a pesar del cuidado en la extracción no pudo quitarlas antes.
- Disuelva las partes duras de tierra (terrones)
- Tamice o cuele a través de un screen para obtener una muestra más pura y uniforme.

Si un área de su suelo parece sano y otro tiene áreas desnudas o amarillo, entonces divida su suelo en áreas de muestra saludables y no saludables por separado, incluso si ambos son áreas de césped o jardines de flores, etc o combinados

Otra cosa fundamental es evitar las zonas donde la cal o fertilizantes han sido aplicados recientemente por que eso variará el resultado.

Si cumplimos con todos estos requisitos, hacemos un buen muestreo, obtendremos buenos resultados que nos permitirá manejar bien toda la información que lograremos, por ejemplo : sabremos que tipo de plantas podremos plantar, lo mismo que tipo de grama crecerá mejor y más fuerte en nuestro suelo de acuerdo a la composición de nuestro ph., tendremos recomendaciones de fertilización y sabremos si nuestro suelo necesita cal, es decir no tendremos que adivinar que nutriente necesita nuestro suelo, además de promover la calidad ambiental.

También ahorraremos dinero que de otro modo podría haberse gastado en cal y fertilizantes que no fueran necesarios.

En definitiva un análisis de suelo nos da la siguiente información :

El pH es la medida de la concentración de iones de hidrógeno y la concentración de iones hidróxido en el agua o el suelo. Un pH de 7 se considera neutro un pH por debajo de 7 se considera más ácido y pH por encima de 7 se considera más básico o pH alkalina. Saber los valores del Ph es importante para la gestión de la planta, ya que afecta a la solubilidad de los fertilizantes y la efectividad de los insecticidas y fungicidas.

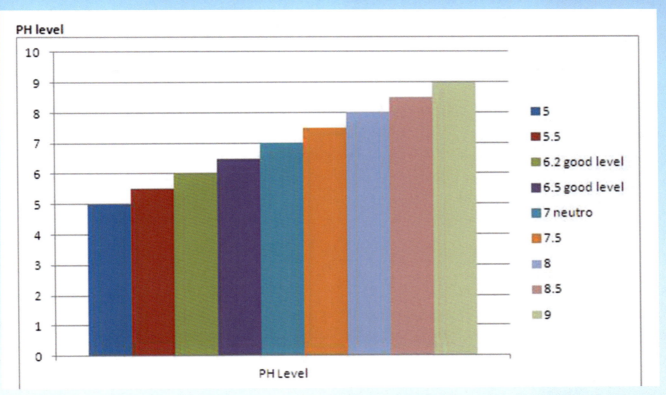

El nivel de pH deseado para una buena grama debe ser de 6.2 a 6.5. Estos niveles maximizan el crecimiento del césped.

Si los niveles del ph son superiores y debe bajarlos el azufre común es la opción más económica, aunque el sulfato ferroso y sulfato de aluminio se recomiendan a veces en su lugar. El sulfato ferroso, que también añade hierro al suelo, es de la mayor ayuda a las plantas que muestran las hojas amarillas, así como la mala salud en general de la grama. También baja el pH del suelo alcalino con la aplicación regular de compuestos orgánicos como el compost y estiércol.

Si debemos elevar el ph, entonces debemos usar Cal (Lime en inglés), disponible tanto en granulos como en polvo.

La cantidad necesaria depende de la textura del suelo (más se necesita para la arcilla que para suelos arenosos, por ejemplo) y otros factores. Las cenizas de madera y conchas de ostras también hacen suelo ácido más neutral.

Para determinar la cantidad de cal o azufre para agregar, siempre debemos seguir los resultados de sus pruebas. Si el suelo es muy ácido o alcalino y es necesario cambiar el nivel de más de un punto en la escala de pH, lo mejor es consultar a un profesional.

Los propietarios de viviendas a menudo gastan cientos de dólares para tener un verde césped. El mantenimiento de un césped, sin embargo, requiere algo más que dinero. También requiere el conocimiento. Parte de la comprensión de cómo mantener su césped implica saber cuándo agregar cal, una parte importante en el manejo de césped. La cal agrega importantes nutrientes al suelo y eleva el nivel de pH, lo que promueve el crecimiento del césped. La cal puede ser particularmente importante para los nuevos céspedes.

Por eso una buena pregunta es cuando debemos poner cal en nuestra grama?

El mejor momento para aplicar la cal es en el otoño.

¿Por qué? debido a que el clima de invierno ayuda a descomponer la cal, que prepara el camino para un crecimiento máximo de la primavera. Pero si una prueba de suelo en primavera o verano indica la necesidad de una aplicación de cal, también es posible hacerlo.

Otro motivo por lo que el otoño es el tiempo recomendado, es porque en el otoño la aplicación de cal trata a su suelo, y no al césped. El grass ya se está preparando para el invierno por lo que no habrá riesgo de que la cal queme el grass y eso ayudara a el crecimiento de la hierba en la próxima temporada

Los expertos coinciden en que la cal sólo se debe aplicar a su césped cuando un análisis de suelo indica que es necesario. El exceso de cal en un césped puede ser perjudicial. El objetivo es establecer un equilibrio. Ni más ni menos.

Otra cosa importante que dicen los expertos es que un buen momento para aplicar cal al suelo es también antes de sembrar el césped. Espere el tiempo necesario antes de la siembra de hacer un análisis de suelo y aplicar cal si es necesario.

Resumiendo :

Hemos contestado las tres preguntas mas importantes que nos ayudarán a entender algunos resultados del análisis de suelos que realicemos: Que es el suelo?, Cómo se formó el suelo? Y como está compuesto el suelo?

Hemos nombrados los trece elementos minerales esenciales e imprescindibles para los suelos que se agrupan en los dos grandes grupos denominados : Macronutrientes y Micronutientes, dejando para capítulos mas adelante el análisis de sus propiedades.

También hablamos de la Fertilidad del suelo, su disminución y como podemos prolongarla.

Aprendimos sobre la importancia de un test del suelo, y sobre la metodología para hacer una buena extracción de las muestras del suelo.

También hablamos de los instrumentos para hacer los estudios del suelo desde instrumentos muy simples hasta los mas sofisticados.

Debemos agregar que cuanto mas sofisticados sean los instrumentos usados para el estudio de suelos, obtendremos mas datos que nos ayudarán a la elección de productos para el suelo, por ejemplo nos darán niveles de los principales nutrientes como Nitrógeno, Fósforo y Potasio

El estudio del suelo nos va a dar el ph que tiene nuestro suelo que de acuerdo a los valores será Ácido, Neutro o Alcalino y nosotros sabemos que para que la grama crezca bien el nivel de pH deseado debe ser de 6.2 a 6.5. Estos niveles maximizan el crecimiento del césped

Por lo tanto sabemos que si los niveles del ph son superiores y debe bajarlos el azufre común es la opción más económica, aunque el sulfato ferroso y sulfato de aluminio se recomiendan a veces en su lugar y si debemos elevar el ph, entonces Lime, disponible tanto en granulos o polvo, es lo sugerido

Finalmente ya conocemos parte de la composición de nuestro "amigo" el suelo, sabemos los niveles de su ph.

Ahora tenemos que individualizar el tipo de soil que tenemos.

A continuación veremos una rápida y muy fácil clasificación para que además de saber el ph de nuestro suelo también podamos tener una idea del tipo de suelo en el que vamos a trabajar.

El factor más importante a la hora de comenzar a cultivar su jardín es conocer la textura de su suelos.

Continuando con unos de los objetivos más importantes de este manual que es la **"Simiplicidad"**, o sea que cualquier dueño de casa común pueda entender y utilizar esta información, veremos una manera bien fácil de clasificar nuestro suelo :

Tome un puñado de tierra húmeda y ruedela entre las palmas de la mano hasta que se forme una especie de salchicha. Si se siente arenosa y rompe inmediatamente, el suelo es de arena predominantemente.

Si el suelo se siente suave, y mantiene su forma durante un corto tiempo antes de romperse, es sobre todo sedimentoso.

Sin embargo, si se siente pegajosa y se mantiene sin romperse, entonces es arcilla.

Cuales son las características entonces de estos suelos básicos ?

Suelo Arenoso

Fácil de cultivar y de calentarse rápidamente en primavera. Se drena bien por que las plantas y la grama no se sostienen con sus raíces en el agua durante mucho tiempo. Sin embargo, al drenarse rápidamente, las plantas necesitan ser regadas regularmente y alimentados para que puedan prosperar.

Suelo tipo limo

Este tipo de suelo es más rico en nutrientes que el suelo arenoso. También es más pesado, ya que puede retener la humedad y tiene una tendencia a ser compactado. Sin embargo, sí tienden a escurrir bien y mucho más fácil de cultivar que la arcilla.

Suelo Arcilloso

De peso para levantar y difícil de trabajar. El suelo es ácido y se aferran a los pisos de clima húmedo.

La arcilla se vuelve pegajosa y grumosa cuando está mojada.

El suelo de arcilla tiende a tener un mal drenaje y es lenta para calentarse. Es difícil plantar en suelos arcillosos ya que se endurece hasta obtener una consistencia casi tan dura como el cemento. Para las plantas no es fácil establecer sus raíces en el suelo compactado. Aunque es difícil y compacta, también contiene una alta cantidad de nutrientes.

Entonces ya tenemos una idea sobre clasificación de suelos de acuerdo a la textura del suelo.

Sin duda existen infinidad de otras clasificaciones de suelo y todas ellas con más criterios científicos pero les reitero uno de mis objetivos principales de este manual y es que sea lo más simple de entender.

Capítulo 5

Tenemos un plan de trabajo anual?

Si no lo tenemos pues lo debemos hacer por que es la manera de trabajar con nuestra grama.

La manera más fácil para todos es especificar fechas y hacere un plan sin complicaciones que nos ayudará a mantener una grama saludable.

Yo creo que el tener una grama hermosa es un sueño que tenemos todos y los sueños para que se hagan realidad y tengan todo nuestro esfuerzo para que se cumplan les debemos poner fecha de inicio y de expiración

Obviamente todos conocemos las fechas aproximadas de inicio de las cuatro estaciones en el hemisferio Norte pero vale la pena mencionarlas :

Marzo 20 Comienzo de la Primavera

Junio 21 Comienzo del Verano

Septiembre 21/22 Comienzo del Otoño

Deciembre 21/22 Comienzo del Invierno

Otra cosa que también debemos conocer es las verdaderas medidas del terreno donde vamos a trabajar.

Esto es muy importante por que nos permitirá determinar la cantidad de fertilizantes que debemos usar, lo mismo pasará con la cantidad de semilla o rollos de grama a usar si es que necesitamos volver a plantar grama. Es una medida que siempre debemos tener presente.

Lo mismo si somos profesionales debemos saber perfectamente la medida de la grama de cada uno de nuestros clientes.

Esto nos ahorrará muchísimo dinero por que sabremos exactamente la cantidad de productos que usaremos ya sea para nuestra casa o para cada uno de nuestros clientes.

Esto nos servirá obviamente para comprar la cantidad necesaria de productos y además podremos hacer buenos negocios con los proveedores cuando estos tengan ofertas de estos productos.

Como yo estoy convencido de que el lugar donde habito y donde me refugio con mi familia y todo lo que lo rodea incluido su entorno como la grama es como un teatro donde las escenas irán cambiando a medida que cambiemos de estación le llamaremos a cada etapa "Escenas" es decir cada etapa será una puesta en escena de nuestro jardín.

Capítulo 6

Marzo 20/ Abril 20 – Temprana Primavera – "Escena Alfa A α"

Ha terminado el invierno, nuestra grama ha dejado de recibir productos para su mantenimiento por casi tres meses, pero al mismo tiempo ha recibido una dosis de aportes naturales que si no estaba bien preparado le ocasionará muchos problemas pero todo podrá ser reparado. Tomemos esto con tranquilidad.

Quizás y dependiendo de la zona donde habitemos lo que más ha sufrido nuestra grama es la nieve.

La nieve es hermosa. Pero como podemos proteger nuestra grama de la nieve. No hay muchas opciones

Una es dejarla como está, como nosotros soportamos desde el calor de la calefacción de nuestra casa lamentablemente nuestra grama soportará y resistirá todo el frio que origina la nieve. Trataremos de no caminar sobre ella ya que puede pasar de que si pisamos la nieve sobre la grama presionaríamos con nuestro peso la nieve sobre la grama y esto podría ocasionar la muerte de la misma.

Otra cosa que podríamos hacer sería limpiar la grama como limpiamos los otros espacios que rodean la casa, con pala o rastrillo, es un trabajo más que delicado pero no imposible. Esto permitiría que la hierba tuviera luz más rápido y no esperar el tiempo de que la nieve se derrita.

También podría provocar daños innecesarios en la grama por estar congelada destrozando asi varias áreas.

Todavía tendríamos una opción más sofisticada para hacerla en una casa pero que se usa en campos deportivos, que es cubrir con una gran lona toda la superficie para que la nieve no provoque tantos problemas a la grama.

A estas opciones deberíamos agregar además otra cosa que es fácilmente comprobable y es que la vegetación y la tierra están más expuestos al aire frío. Que el efecto de sombras en la grama permite un derretimiento mas lento de la nieve que en cualquier camino como las calles, avenidas o carreteras provocando mayor acumulación de nieve sobre la grama que sobre los caminos

Bueno con estas opciones posibles, siempre optamos por la primera por que es la mas natural y la más normal para estos casos y optamos por disfrutar de la nieve soñando con una grama verde en la primavera.

Estado de la grama en Invierno / Status the grass in Winter

Pero no todo es traumático, nunca debemos olvidar que junto con la grama también aparecen las malas hierbas.

Que son las malas hierbas?

Una mala hierba es una planta que crece donde no la deseamos, puede tener un crecimiento fuerte y sano, y es capaz de crecer demasiado, agotando así los nutrientes del suelo y la humedad que de otra manera estarían a disposición de las plantas y la grama que sí son nuestras preferidas.

Pero al final son también plantas y por lo tanto también sufrirán los efectos en mayor o menor grado de la nieve y el frío, no significa esto que sean impermeables a la nieve.

Esto quiere decir que si sufrimos de fuertes nevadas y parte de nuestra grama lo sufrirá muriéndose, la nieve también nos ayudará a controlar alguna mala hierba.

Pero no debemos bajar nunca los brazos, debemos siempre combatirla por que las malas hierbas no aportarán belleza a nuestro jardín.

Volvamos entonces a donde comenzamos la **Escena Alfa A α**, al inicio de la primavera o sea alrededor de Marzo 20 de cada año. Es el tiempo que llamamos Temprana Primavera (Early Spring en Inglés)

Ya la nieve esta derretida, pero el suelo está todavía muy frio incluso congelado en algunas zonas, pero ya podemos comenzar a trabajar en algunas tareas básicas que pronto nos ayudarán a tener nuestra grama limpia y saludable.

Como primer tarea debemos rastrillar el césped eliminando hierba muerta, hojas sobrantes de invierno y otros desechos, que permiten ver las áreas descubiertas o desgastadas que necesitan atención. También permite a la joven hierba crecer con mayor facilidad y aumenta el contacto con el suelo cuando se siembra. Obviamente no se debe rastrillar con el piso aún frizado por que estaríamos dañando las debilitadas plantas de grama.

Al rastrillar y sacar toda la grama de color marrón (muerta)veremos rápidamente que la parte que está quedando limpia, inmediatamente comienza a ponerse de un color verde (vida), y ese es el signo mejor de que estamos por el buen camino.(ver la foto debajo)

Lo segundo recomendable es realizar **un estudio del suelo**. Recordemos que lo podemos hacer en cualquier etapa del proceso de cuidado de la grama y si el suelo necesitaría Cal es recomendable como ya dijimos aplicarla antes de la siembra y tanto la primavera como el otoño son las estaciones mejores para resembrar.

Otra cosa también muy recomendable pero que lamentablemente no es muy utlizado es aerear el suelo.

Un césped de más edad o con mucho tráfico pueden sufrir de la compactación del suelo. Un aireador central con púas huecas tirará pequeños tapones de suelo, de la tierra, lo que permite el aumento de circulación de agua, nutrientes y oxígeno en el suelo. La aireación del césped también puede aumentar el contacto con el suelo con nuevas semillas y mejorar la tasa de éxito de un nuevo crecimiento. Usted puede rentar un aireador o contratar a un profesional para aerear su césped para usted.

Hay distintos tipos de aireadores desde los más simples hasta los más sofisticados pero todos tienen el mismo objetivo : mejorar el intercambio de aire con el suelo

Al mismo tiempo que vamos realizando estas tareas le estamos dando tiempo al suelo para que vaya elevando su temperatura y podamos comenzar todo el proceso de reparación.

Otra cosa muy importante y de lo que dependerá el éxito de todo el proceso será el control de la mala hierba que comienzan su germinación en primavera para lograr su crecimiento mayor en el verano.

La más difícil de combatir es el Crabgrass

Por eso en estos primeros días de la primavera lo que además debemos hacer como prioridad es revisar todo nuestro suelo controlando si existen malas hierbas y en especial el crabgrass para tomar medidas para eliminarla.

Que es el crabgrass?

Crabgrass es una mala hierba problemática que infesta anualmente césped en todo el país convirtiendo gruesas, exuberante y verde césped en el césped, débiles, irregulares y delgados. Debido a que hay muchos diferentes malas hierbas, es fundamental que crabgrass sea identificado correctamente.

Esta mala hierba se puede encontrar en la mayoría de los céspedes fértiles, donde el césped es fino y cortado demasiado corto. Ellos toleran suelos cálidos y secos, compactados después del establecimiento, y pueden expandirse agresivamente para desplazar a los pastos deseables.

Existen dos tipos de crabgrass: Smooth crabgrass y large crabgrass

Es muy difícil de combatir por la vida que tienen sus semillas que logran sobrevivir hasta tres años en el suelo.

Esto demuestra que muchas veces es erróneo y sin fundamento decir que un producto que usamos para combatir el crabgrass no trabaja, como muchas veces oímos a los clientes. Sucede que en algunos casos debemos aplicar los productos para combatir esta maleza más de una vez.

Lo que sí es verdad es que existen plaguicidas, herbicidas e insecticidas que se venden libremente en las tiendas y si bien son de uso comercial, son domésticos y están los productos que sólo se les vende a los profesionales de la jardinería que tienen licencia para usar dichos productos y obviamente éstos últimos son más fuertes.

Además existe otro problema y es que muchas veces las herramientas de los landscapers profesionales y de los mismos dueños de casa que muchas veces solidariamente prestan una cortadora de césped a un vecino, son el principal transporte de un suelo a otro de las semillas de crabgrass.

Como se combate el Crabgrass?

A continuación les daré una serie de indicaciones que eliminarán por completo o al menos por un periodo de tiempo prudencial la existencia de esta mala hierba. No debemos olvidar que el crabgrass si bien es una planta anual se comporta como una planta perenial que vuelve todos los años por lo que dijimos anteriormente de que las semillas tienen una vida prolongada.

Como todas las malas hierbas a pesar de su fuerza el crabgrass se combate de la misma manera :

Eliminado a mano

Sin el apoyo de ningún producto químico, sacando la mala hierba con la mano.

Obviamente este método dependerá de la extensión del terreno y la cantidad de mala hierba que exista, pero sin duda es el método más natural y orgánico y menos perjudicial para el suelo.

Solo necesitamos una pequeña pala jardinera de mano y las ganas de realizar ese trabajo en beneficio de nuestra grama.

Uso de productos químicos - Herbicidas

En este caso tenemos que investigar varios puntos.

Crabgrass es fácil de controlar en el césped si se aplican herbicidas preemergentes antes de que germine o herbicidas postemergentes después de que la semilla ha germinado.

Conocer las diferencias entre estos dos tipos de herbicidas y cómo utilizarlos correctamente durante el año hará una gran diferencia en el grado de efectividad en nuestro objetivo : Matar las malas hierbas.

Los herbicidas Pre-Emergentes son utilizados a principios de la primavera, antes de que las plantas realmente comienzan a crecer y el clima se vuelve cálido. Un herbicida pre-emergente crea un sello barrera protectora alrededor de las semillas, lo que impide la germinación de la semilla y en crecimiento. En esencia, la semilla es sofocada y muere.

Se puede aplicar el herbicida al suelo o bien por inyección en forma líquida o repartiéndolo en forma granular. El suelo absorberá ambas formas. Si lo esparce en gránulos necesitará posteriormente un riego de agua para activar los gránulos

El otro tipo de herbicida es un herbicida post-emergente. Este tipo de herbicida se utiliza una vez que la primera temporada de primavera ha comenzado y plantas han comenzado a crecer. Una vez que la planta ha comenzado a crecer ya es demasiado tarde para utilizar la prevención de la germinación de un herbicida pre-emergente y es el momento para que usted aplique un herbicida post-emergente.

Herbicidas post-emergentes trabaja viajando por el tallo de la planta hasta las raíces

Si está usando la forma granular, aplique el herbicida al césped con un esparcidor y luego activarlo con los rociadores de césped.

A menudo, una aplicación final a fondo durante el final del otoño ayudará a prevenir nuevas malezas crezcan en la primavera y prevenir las malas hierbas de difusión de las semillas.

Otro detalle importante a tener en cuenta es entender la diferencia entre herbicidas específicos y no específicos. Herbicidas específicos son los más utilizados para el cuidado del césped y otras actividades de eliminación de malas hierbas por los propietarios de viviendas. Su objetivo es específicamente la maleza y no suelen dañar otras plantas circundantes o adyacentes y tampoco la grama.

Los herbicidas no específicos, por otro lado, van a matar todas las plantas que entra en contacto con el producto. Es más comúnmente utilizado por los jardineros profesionales que limpian un terreno o zona de un nuevo edificio o con fines de jardinería.

Hay marcas muy reconocidas en el mercado de ambos tipos y los mismos fabricantes lo detallan muy bien en sus envases incluso diferenciando el color de los mismos, pero igualmente debemos estar atentos y leer las etiquetas para no cometer errores que pueden ser fatales para nuestro jardín o para nuestros clientes si somos profesionales de la jardinería

En este tipo de herbicidas no específicos también debemos distinguir entre los regulares y los de extensiva acción.

La diferencia consiste en que los herbicidas no específicos regulares después de usarlos, en pocos días, no más de una semana, se podrá utilizar el terreno nuevamente para plantar ya sea plantas o grama si es que esa era nuestra intención y los de acción extensiva se tiene que esperar por un tiempo prudencial para volver a plantar.

Algunos de los productos que componen los herbicidas preemergentes y que figuran en sus etiquetas son los siguientes productos : bensulide, dithiopyr, oryzalin, oxadiazon, pendimenthalin, prodiamine entre otros.

Si lo que necesitamos son herbicidas postemergentes, éstos están compuestros entre otros productos por Dithiopyr Fluazifop, Quinclorac, sethoxydim plus oil, Mecropop-p, Atrazinet, Dimethylamine, Triclopyr, Dicamba.

Fluazifop, Quinclorac, sethoxydim plus oil, Mecropop-p, Atrazinet, Dimethylamine, Triclopyr, Dicamba.-

También otra cosa que debemos investigar las reglamentaciones existentes ya que en cada estado de la nación o incluso dentro de los mismos estados existen condados con diferentes reglas con respecto al uso de diferentes productos especialmente fertilizantes.

En algunos estados está prohibido el uso de fertilizantes o cualquier producto que los contenga en determinada época del año.

Incluso el uso de pre-emergentes o post-emergentes algunos de ellos está restringido al uso solamente de Profesionales con licencia para hacerlo y otros pueden ser utilizados por cualquier ciudadano común.

Existen además determinados detalles que nos ayudará a contener el crecimiento del Crabgrass y que depende de la buena elección de determinados elementos y costumbres.

Por ejemplo el corte de la grama a la altura óptima para el césped aumenta el vigor del césped y reduce la germinación y el establecimiento de crabgrass. Existen algunas tablas donde se expresa las pulgadas de altura de corte de acuerdo al tipo de grama que se plante.

Pero en general debe cortarse a una altura promedio de 3". Esto se regula en la cortadora de césped generalmente en un dispositivo cerca de las ruedas y se debe poner el control de corte en un nivel un poco mayor que la mitad. Y una señal de que estamos cortando la grama a una medida buena es que cuando pasamos la cortadora por la grama quedan marcadas las huellas de las ruedas de la máquina.

Después de cortar el césped infestado de crabgrass, se debe lavar bien la cortadora de césped para quitar las semillas y evitar su transferencia de las mismas a los suelos sanos.

Una grama cortada a medida
Las huellas de las ruedas del lawn mower

Otro factor que nos ayudará a detener la acción del crabgrass es hacer una buena elección de la grama que vamos a plantar.

Seleccionar un césped que se adapta a sus condiciones locales también ayudará a producir césped vigoroso.

Nosotros debemos saber elegir bien el tipo de grama a plantar de acuerdo a la región, cosa que veremos en capítulos más adelante.

Mas adelante también detallaremos que otras especificaciones debemos observar en las etiquetas de los envases de semilla de grama para hacer una buena elección.

En el proceso de selección del césped es importante tener en cuenta también la cantidad de tráfico a pie, los problemas de plagas, si la zona es de sombras o de sol prolongado, ya que estos factores pueden afectar significativamente el vigor del césped.

El riego es también importante para el control del crabgrass

Tanto el momento de Irrigación como la cantidad también pueden afectar la germinación y el crecimiento de crabgrass. Césped con exceso de agua que recibe diariamente, llega a ser débil y vulnerable a la invasión de esta maleza y hongos.

El riego escaso también facilita el crecimiento de Crabgrass y otras malas hierbas por que generalmente estas hierbas no necesitan la cantidad de agua que necesita la grama, sobreviven mejor a la sequía

El riego controlado que no supere 1 ½ " a 2" ½ de agua por semana va a mejorar el vigor del césped.

El Crabgrass no es la única mala hierba que aparece germinando en la primavera y que ya la podemos detectar, existen también dos muy conocidas por nosotros que no son tan difíciles de combatir pero que no agregan belleza a nuestra grama y por lo tanto la debemos eliminar también.

Una de ellas es Dandelions (identificada fácilmente por todos nosotros como las "flores amarillas") son fácilmente como malas hierbas del jardín, con sus brillantes flores amarillas y follaje de hoja ancha. Si usted es diligente, en realidad son bastante fáciles de controlar.

Con el Dandelions es casi imposible (nada es imposible) utilizar el sistema de eliminación a mano. Son fuertes por encima del suelo, sus semillas se propagan fácilmente por debajo del suelo, con una raíz principal de hasta 10" de largo.

Tirando de la raíz con la mano como medio de eliminación es problemática por que es muy frágil, la raíz principal se fractura fácilmente y cualquier fracción de la raíz principal que queda en el suelo, volverá a nacer.

Si usted insiste en usar igualmente el método de extracción con la mano a pesar de la dificultad que acabo de mencionar le doy algunos consejos prácticos :

- Para facilitar la tarea, regar el césped primero (malezas son más fácil quitarlos de los suelos húmedos).

- Haga una incisión en el suelo, a lo largo de la raíz principal, usando un cuchillo, un destornillador o herramienta similar (herramientas diseñadas específicamente para la eliminación de Dandelions se pueden encontrar en tiendas mayoristas).

- Mueva la herramienta para aflojar la raíz principal

- Utilice las hojas como "mango" para tirar

- Dar a la maleza un suave tirón para ver si la raíz está cediendo.

- Si la raíz principal está cediendo, quite la hierba suavemente con mucho cuidado para que no se rompa. No se sorprenda por lo largo de la raíz

Si esto no da resultados el uso de herbicidas post emergentes (aunque ya haya usado herbicidas pre emergentes) y específico para que no mate la grama será inminente

La otra especie también llamada mala hierba que suele aparecer con gran fuerza en la primavera es llamada Clove (Trébol)

Lo que muchas personas llaman "trébol " o la planta de las flores blancas

Les confieso que con esta planta (y voy a llamarla planta de aquí en adelante) me sucede algo especial y quizás cuando uds., terminen de leer lo siguiente, estén un poco de acuerdo conmigo y valoremos distinto a esta planta.

Sinceramente les digo que me cuesta clasificar al Clove como una "mala hierba", no se si es por su textura o por que luce como una planta que si la tratáramos como una planta no tendría mal aspecto y nos gustaría más.

Consultando con muchos clientes y con profesionales uno va reuniendo distintas experiencias de ellos y me quedo con lo que me dijeron varios grameros y jardineros y que me pareció importante compartirlo con uds. : Si se lograra quitar la flor del Clove y quedara sólo el tallo podríamos tener una grama bien verde y fuerte.

Las plantas como nos sucede con las personas muchas veces no son lo que aparentan solamente y por eso a veces las juzgamos mal.

Abandonemos por un momento la idea de que el Clove es una mala hierba y a la cual la debemos combatir agresivamente con herbicidas para tratar de eliminarla buscando siempre nuestro mayor objetivo que es : lograr obtener una yarda perfecta o al menos intentar tener la mejor posible.

Que diríamos si encontráramos en el mercado una grama que no necesitara fertilizante por que la misma planta lleva incorporado su propio nitrógeno, además fuera tolerante a las sequías y por si todo esto fuera poco, eliminando sus flores, nos asegura un campo de un verde bien fuerte durante la mayor parte del año especialmente en el invierno. Y por último sería una grama de bajo mantenimiento y de bajo crecimiento lo que no necesitaría cortar la grama todas las semanas, nos alcanzaría con cortar la grama no más de tres o cuatro veces al año.

Seguro no sería un gran negocio para los grameros pero si sería para los dueños de casa que saldrían corriendo a comprar esa grama.

Bueno, parece ser que el Clove era en realidad una parte de la grama típica estadounidense antes de la Segunda Guerra Mundial. Se combinaba y además competía con otro tipo de semillas, hasta hoy existentes en el mercado como con Tall fescue y Kentucky blue gras entre otras.

Posterior a la Segunda Guerra Mundial se produjo la explosión y extensión del negocio del cuidado de grama y ese ambiente arrastró al Clove (o trébol) transformándolo en un enemigo de nuestra grama.

Pasó a ser tratado como una mala hierba y sucumbió a los nuevos productos químicos herbicidas que se venden en el mercado. Se transformó en un "enemigo" a tratar para llegar a nuestro objetivo final : la búsqueda del césped perfecto.

Las variedades más comunes de Clove son : el trébol blanco (Trifolium repens) que se encuentran comúnmente en los campos, zanjas, caminos y cualquier otro lugar que ha logrado afianzarse. Se caracteriza por sus hojas de 3 partes y teñido de flores, es de lento crecimiento y el trébol rojo (Trifolium pratense), llamado así por sus flores de color rosa oscuro, también es abundante en la naturaleza, pero es menos deseable como un césped debido a su hábito de crecimiento más alto - hasta 14 pulgadas. Es el menos común de ver.

Desde el punto de vista productivo podemos decir que el Clove o trébol también tiene efectos positivos sobre la economía ya que varias especies de trébol son ampliamente utilizados como cultivos de forraje para los animales de pastoreo y como cultivo para mejorar el suelo utilizado en la agricultura, entre otras cosas por que agrega al suelo nitrógeno que beneficiará a la cosecha del año siguiente.

Con estos datos, deberíamos hacernos la pregunta ¿ por que no usar el trébol como grama?

Parece no haber alternativa. El Clove es considerado por el mercado como mala hierba y hay que combatirla para llegar al gran objetivo :"la grama perfecta"

Y para ello utilizamos los mismos productos con los cuales combatimos a las demás malas hierbas y de los cuales ya detallamos anteriormente y también hay productos específicos para combatir el Clove o trébol.

Pero también están los detractores del trébol que no creen en que sea tan "inofensivo" que afirman que al ser una planta o mala hierba muy independiente (como ya vimos no necesita fertilizantes, es tolerante a la sequía etc.) lo que hace es crecer en la grama, formando una especie fuerte de red que no deja pasar el agua y eso va matando a la grama común y deja el campo fértil para la aparición y crecimiento casi sin obstáculos del crabgrass. Se dice que el Clove hace la presentación del Crabgrass.

Si observamos con detención cualquier grama que contenga trébol podemos observar que también tiene por lo general brotes de crabgrass, asi que quizás sea una apreciación válida.

Pero hay jardineros muy respetables por cierto que optan por no depender de aerosoles o granulados productos químicos sintéticos para el control de las malas hierbas y usan métodos también eficaces de control de malas hierbas pero orgánicos y naturales que comienzan con una correcta identificación de la mala hierba en cuestión, luego informándose y aprendiendo sobre su ciclo de vida y de esa manera saber cual es la mejor manera de controlarlos.

También existen en el mercado grandes y emergentes compañías que están incursionando en la investigación y en la producción de productos no dañinos ni para las plantas ni para nuestro medio ambiente. Ya podemos decir que existen enormes extensiones de tierras que son tratadas de forma orgánica.

Seguramente estos últimos métodos harán un lugar más placentero a nuestro planeta.

Entonces ya hemos rastrillado y limpiado el área, hemos hecho el estudio del suelo, hemos aireado el suelo, ya tenemos lo que llamaremos diagnósticos primarios o sea un mapa del terreno y que será de acuerdo a las varias opciones que obtengamos de los diferentes suelos :

1. La primera opción la más deseada por todos los dueños de casas y por todos los jardineros y es que el área total está bien, es una grama fuerte y saludable, libre de mala hierbas, es una grama que la hemos venido cuidando durante mucho tiempo, y por lo tanto hoy obtenemos buenos resultados, además el ph del terreno está en el nivel óptimo por lo tanto no necesita ni elevar ni decrecer el

nivel de ph y además comenzamos a observar que a medida que se va calentando el suelo, la grama comienza a cambiar su color amarillento al verde clásico

Sería la grama perfectda pero no debejos bajar los brazos en ningún momento por lo tanto debemos aplicar el Primer

Fertilizante. Es fertilizante con ciertas características :

Alto porcentaje de Nitrógeno (entre 25 a 35 aproximadamente), muy poco fósforo o nada y valores de un dígito o sea menos de 10 de Potasio, tiene agregado productos preventivos para el tratamiento en contra del Crabgrass y para ello debemos observar que en la etiqueta esté como ingrediente activo el Pendimethalin (Pendimethalin aparece en el grupo K1 según la clasificación mundial de herbicidas y está aprobado en Europa, América del Norte, América del Sur, África, Asia y Oceanía para diferentes cultivos, como cereales, el maíz, la soja, el arroz, patatas, legumbres, frutas, verduras, frutos secos, así como césped y plantas ornamentales).

Recomendaciones :

No olvidemos que son productos pre-emergentes es decir hay que ponerlos al inicio de la primavera cuando la grama está todavía seca para no permitir la germinación de la semilla de la mala hierba.

Debemos seguir todas las instrucciones que son explicadas en los envases de estos productos porque varian de acuerdo al estado y también a las áreas. Recordemos que cuando hablamos de las zonas climáticas y/o geográficas vimos de que incluso había estados que pertencían a más de una zona.

Otra razón importante por la cual debemos leer las etiquetas es que generalmente dicen cuanta cantidad se debe aplicar por pie cuadrado y de ahí la importancia de lo que hablamos anteriormente de siempre saber las medidas de nuestros terrenos o de los terrenos de nuestros clientes.

Algunas veces vienen a la tienda clientes que me hacen preguntas que como me parecen interesantes las comparto con uds. Por ejemplo : me dicen "yo tengo muy buena grama pero quisiera retocar o resembrar más adelante" lo que muchas veces es necesario y que puede suceder u otros me preguntan : "tengo mi grama muy bien pero tengo un área al lado de mi grama que tenía un árbol y plantas, limpié todo y pensaba plantar grama"

Para las dos preguntas las misma respuesta :

Al aplicar este primer fertilizante preemergente NO se debe sembrar ni cubrir con césped hasta después de 4 meses y no aplicar en zonas recién sembradas hasta después del cuarto corte de la grama

Esto tiene una explicación lógica el ser estos productos generalmente preemergente detiene la germinación de las semillas y no es un producto selectivo por lo tanto no dejará germinar ninguna semilla, tampoco la de la grama.

Posterior a la aplicación se debe regar moderadamente para que este tipo de productos se asiente en el terreno y comience a ser efectivo.

No se debe aplicar este producto más de 2 veces por año.

Durante la aplicación del producto no deben estar en el área ni personas ni mascotas y posteriormente debemos señalar y marcar el terreno done se aplicó el producto para que esa área no sea transitada ni por personas ni por mascotas. Existen en el mercado diferentes barreras de seguridad o pequeñas banderas que se pueden poner en el terreno por un período de una semana aproximadamente.

Resumiendo éste es el mejor escenario : grama sana, se aplican productos preventivos, realizamos los trabajos de corte de la grama,riego (más adelante hablaremos sobre estos dos temas muy importantes para el mantenimiento de la grama) y todos los controles necesarios sin descuidarnos para detectar cualquier problema y solo nos quedará aguardar el tiempo para la aplicación del segundo tipo de fertilizante y así seguir con el proceso.

El grass deseado después del invierno

2. Partiendo de la misma base de haber limpiado el área, haber hecho el estudio del suelo, hemos aireado el terreno pero tenemos un diagnóstico primario diferente del anterior suelo :

Por ejemplo el estudio del suelo nos dio de que su ph del era demasiado alcalino o demasiado ácido. En ese caso si está dentro de los valores ácidos y lo tenemos que elevar para llegar al nivel óptimo de 6.2 – 6.5 debemos aplicar Cal (Lime) y si el suelo tiene valores alto de ph tipo alkalinos pues debemos aplicar Azufre, o sulfatos ferrosos o de aluminio para lograr el ph ideal.

Como ya hemos aprendido a solucionar los desniveles del ph, esa tarea ya la realizamos pero ahora nos damos cuenta que en este nuevo escenario encontramos ya sea en nuestra grama o en la de alguno de nuestros clientes un nivel de mala hierba bastante importante.

Si es un nivel medio y el área no es tan grande podremos utilizar el método manual el cual ya lo explicamos anteriormente con todas las dificultades que tiene a pesar de lo natural y efectivo del método.

Si en cambio es un área más extensa entonces tendremos que aplicar un herbicida post emergente (el preemergente no trabajaría por que la mala hierba ya está crecida)y específico (debemos buscar los productos que digan "Mata la mala hierba pero no la grama")

Estos productos ya sean líquidos o granulados tienen algunas características comunes que detallamos a continuación:

Como siempre recordamos debemos siempre leer las etiquetas de todos los envases para no cometer errores en el uso de estos productos y depende también de la zona geográfica donde lo apliquemos.

Cuando se aplica se debe tener cuidado de aplicarlo sólo en la grama, se debe tener especial cuidado de no aplicar a flores, plantas, arbustos, árboles frutales, vegetales y raíces de árboles por que se dañarían.

Por eso debemos tener cuidado de no aplicar estos productos en días de viento por que además de dañar las otras plantas podrían dañar también los pisos de la entrada a las casas.

Otra recomendación es la de no regar dentro de las posteriores 24 horas a su aplicación y como con casi la generalidad de todos estos productos no es conveniente aplicar más de 2 veces al año.

Cuando aplicamos estos herbicidas, debemos esperar que tengan su efecto sobre la mala hierba a las 24 o 48 horas y cuando comienzan a ponerse de color amarillo y se mueren debemos quitarlas del suelo.

Entonces, hemos solucionado el problema del ph, y también hemos eliminado la mala hierba.

Pero esto nos ha dejado el terreno con áreas sin grama. Estas pueden ser pequeñas áreas llamadas parches de tierra o áreas bastante grandes.

Para este tipo de problemas tenemos tres soluciones :

La primera es la de resembrar las áreas afectadas.

Esta resiembra se puede hacer de forma clásica (en capítulos mas adelante explicaremos detalladamente) o con el uso de una mezcla especial de semilla, fertilizante y un compuesto natural que solo se necesita aplicar en el área limpia a resembrar y luego esparcirla y regar abundantemente hasta que se afiance la germinación.

La segunda opción de resiembra es la que nos ofrecen algunas empresas proveedoras de tierra para utilizar específicamente en estos parches de suelo sin grama.

Ofrecen una tierra lista para pequeñas áreas y muy fácil de trabajar.

Es una tierra que permite un uso mucho más eficiente del agua que recibe, su mezcla de ingredientes mejora la retención del agua, y tiene adherido fertilizante de inicio (Starter) lo que permite una mayor y rápida germinación. Lo único que necesita agregar separado es la semilla de grama.

Esta es una opción fácil de trabajar y consiste en realizar unos pocos pasos :

Se debe limpiar las áreas que no tienen grama, remover la tierra existente aproximadamente 2", mezclar este producto con la tierra existente, regar los parches, sembrar la semilla, cubrirla después con este mismo producto, regar las áreas nuevamente y esperar en un plazo que no supera una semana el nacimiento de la nueva grama en todas aquellas áreas afectadas.

Un detalle importante es que cualquiera de las opciones que hallamos elegido, necesita haber cortado la grama existente antes de realizar este proceso por que hay que dejar crecer la nueva grama un mínimo de 3" y entonces cuando se pueda cortar la totalidad de la grama todo el área estará bastante pareja.

La tercera la denominamos opción "express" es la de rellenar las áreas con rollos o piezas de grama. (Sod en inglés)

Más adelante detallaremos en profundidad como realizar el trabajo de estas soluciones cuando hablemos específicamente de siembra de grama.

Un detalle bien importante es que cuando utilizamos herbicidas debemos esperar 1 mes aproximadamente para hacer este proceso de resembrar y si deseamos aplicar herbicidas nuevamente en áreas recientemente sembradas debemos esperar haber hecho cuatro cortes de grama primero.

Debemos tener en cuenta que existe en jardinería una medida muy utilizable que es la siguiente :

1 mes = 4 cortes de grama

El grass no deseado despues del invierno. Debemos mejorarlo

Capítulo 7

Abril / Junio 20 – Tardía Primavera-
"Escena B β Beta"

Ya ha transcurrido la primera parte de la primavera, hemos iniciado el proceso, se ha puesto en orden todo el suelo.

Si la grama estaba fuerte, saludable y su ph estaba en el nivel ideal, en la primera escena solamente aplicamos el fertilizante con preventivo de crabgrass con ciertas características que ya mencionamos anteriormente, entonces ahora seguimos con el proceso natural en este ambiente ideal de nuestro suelo y aplicaremos el segundo fertilizante del año que también tiene sus características: también tiene alto contenido de Nitrógeno (entre 28 a 30 – el porque del alto contenido de ese nutriente mas adelante lo explicamos), algo de fósforo (porcentaje alrededor de 2) y Potasio con cantidades que llegan a lo sumo a un porcentaje de 10.

Este fertilizante contiene productos postemergentes para el tratamiento de las otras clases de malas hierbas que crecen rapidamente en esta época como el Dandelions y Clove y por eso debemos observar en las etiquetas de los productos esté como ingrediente activo el Mecoprop, (MCPP), es un herbicida de uso general común encontrado en muchos herbicidas de hogar y clasificado por la Agencia de Protección Ambiental de los Estados Unidos como ligeramente tóxico.

Otros fertilizantes para esta escena tienen como ingrediente activo la Atrazine que es el herbicida más utilizado en los Estados Unidos La atrazina se usa para prevenir pre y post -emergencia malezas de hoja ancha en cultivos como el maíz, la caña de azúcar y en césped para grandes extensiones, como los campos de golf y céspedes residenciales.

Siempre debemos tener presente y no me canso de repetir de que debemos leer las etiquetas de los productos para obtener toda la información, pero generalmente estos productos se aconseja no aplicar mas de 2 veces al año, se debe aplicar en días sin viento para que el producto no se desvíe sobre otras plantas, arbustos o árboles.

El suelo debe estar húmedo en el momento de la aplicación pero no se debe regar en las próximas 24 horas de su aplicación.

Si en la primer escena (Alpha) hubo que sembrar para rellenar los espacios donde estaba la mala hierba después de aplicar herbicida, debemos entonces esperar 1 mes para volver a resembrar si fuera necesario.

Y si no necesitamos resembrar entonces debemos esperar al cuarto corte de la grama que plantamos en el primer paso para aplicar este fertilizante con preventivo de mala hierba correspondiente a la Escena B β Beta.

Una cosa que debemos tener siempre presente es que se nos puede presentar la situación de que con el paso de la primavera así hemos resembrado o no en el Escena Alfa A α,, puede ser que encontremos nuestra grama sin ese color verde como nosotros deseamos. Para esta situación debemos recordar que nosotros podemos en cualquier momento del proceso utilizar fertilizantes que además de los nutrientes y porcentajes ya mencionados de Nitrógeno, Fósforo y Potasio contengan Hierro en una proporción alrededor de 5% y sulfuros que ayudarán a teñir de verde en el corto tiempo.

Son los fertilizantes que en sus envases dicen bien claro para usar "en cualquier estación y en cualquier terreno" (" apply any seasonal, any time" en inglés) y por lo general su envase exterior es de color verde.

Capítulo 8

Junio / Septiembre 21– Verano
"Escena Gamma Γ γ"

Según mi experiencia en la "línea de contención" de los clientes en las tiendas que he trabajado la **Escena Alfa A α** y **la Escena B β Beta** son una especie de entrenamiento para entrar de lleno a la **Escena Gamma Γ γ** que yo lo defino como el más traumático para los clientes.

Es común ver llegar a los clientes al departameno de jardineria y decirme : "tengo mi grama muerta y ya no se que hacer, ayúdeme por favor". Se los aseguro a este nivel de dramatismo.

Otros entran en la desesperación y sin consultar a nadie vienen a la tienda y cuando el vendedor le dice : " Buen día, como ud. se encuentra ? puedo ayudarlo en algo ?", no contestan nada y prefieren ir a la isla de los fertilizantes y leer todos los envases - cosa que siempre se debe hacer – pero muchas veces no eligen el fertilizante apropiado por que eligen algún fertilizante que quizás no sea el momento preciso de aplicarlo. Muchas veces me pregunto por qué esa actitud, pero creo que es por que vienen con vergüenza de como tienen su grama

Si bien esto podría dar lugar a pensar que es bueno para las tiendas o las compañías manufactureras por que este tipo de clientes serían el cliente perfecto : viene a la tienda, elige lo que va a comprar y sin mediar ningún inconveniente paga en la caja y se retira.

En realidad los que estamos en mercadeo y ventas aprendemos en la Universidad y en la práctica con los clientes algo tan viejo como la venta misma y es que "toda venta se concreta cuando el cliente regresa a la tienda a reponer lo que compró" y si el cliente eligió mal el producto ya sea por que no es el tiempo de aplicarlo o por no consultar al vendedor o por otra razón, seguramente quedará insatisfecho y no comprará más ese producto y además le hará a ese producto la peor publicidad que es el "boca a boca" y dirá : "ese producto no trabaja"

Pues si ud. se siente identificado con algunos de estos clientes mencionados lo primero que debe hacer es mantener la calma por que todo tiene solución y debemos además reconocer que nuestro suelo es generoso y si lo tratamos bien pronto lo tendremos como a nosotros nos gusta : una grama limpia y saludable.

Pues entonces ya hicimos lo que teníamos que hacer en la **Escena Alfa A α:**

En el primer escenario como la grama estaba en buen estado solo aplicamos fertilizante con preemergente y suponemos que si eso sucedió y además cumplimos acertadamente con nuestro riego y con nuestros acertados cortes de grama (estos puntos los trataremos más adelante en forma separada por que son muy importantes) pues deberiamos tener una grama libre de mala hierba y creciendo en forma saludable. Como dijimos antes si no estamos conforme con el color de nuestra grama pues aplicaremos fertilizante rico en hierro y sulfuros y entonces todo debería estar normal.

En este caso cualquier cosa que surgiera, por ejemplo que tengamos que resembrar en alguna parte que no estuviera lo suficientemente bueno, pues no habría problema por que ya habría pasado el tiempo suficiente de efecto del fertilizante con pre-emergente, asi que podríamos tranquilamente volver a resembrar.

Se puede presentar el caso del Segundo escenario del **Escena Alfa A α** que aplicamos herbicidas postemergentes, quitamos la mala hierba muerta, hemos resembrado y quizás el crecimiento no ha sido el que esperábamos. En este caso también ya habría pasado el tiempo debido que es un mes aproximadamente o los 4 cortes.

Pero un consejo práctico es que no debemos olvidar que el mejor tiempo de siembra es en el temprano otoño, o en la temprana primavera por que tenemos la temperatura ideal para <u>**sembrar es entre 40 y 60 grados farenheit**</u>, el verano no es muy recomendable por las altas temperaturas y en este momento estaríamos cerca del otoño y sería una buena opción esperar un poco más de tiempo aunque se consiguen en el mercado alguna clase de semilla que se podría plantar en verano.

Personalmente aconsejaría que nos dediquemos a otros aspectos muy importante de ésta estación. No olvidemos que el verano es el ambiente ideal para el desarrollo de enfermedades en nuestra grama, y la invasión de insectos y otras plagas que perjudicarán el crecimiento de nuestra grama.

Los insectos y las enfermedades no siempre son plagas graves en un césped. Un césped saludable y bien administrado usando todo lo que dijimos anteriormente será capaz de tolerar un cierto número de plagas de insectos. Sin embargo, las altas poblaciones de ciertos insectos pueden poner en peligro la supervivencia de un césped en pequeñas y grandes superficies. Los insectos más comunes y molestos son los gusanos blancos, orugas de tierra, chinches y picudos. Las larvas viven en el suelo y causa daños al destruir el sistema de raices. Orugas de tierra, picudos, y las chinches son activos principalmente durante los meses de verano y se alimentan en la base de las hojas (brotes).

Obviamente que una grama saludable tendrá un daño limitado de cualquier enfermedad y se recuperará más rápidamente que una grama de suelo estéril y / o ácido o que está cortado de manera incorrecta. Bajo ciertas condiciones climáticas, sin embargo, la presión de la enfermedad puede abrumar a pequeñas y grandes áreas de incluso las mejores gramas.

Primero debemos tomar las precauciones necesarias, y debemos elegir el fertilizante apropiado para el verano que debe tener ciertas características : Medio/ Alto contenido de Nitrógeno alrededor del 20 %, 0 en Fósforo y entre valores de 8 y 10 de Potasio y como principal activo químico el **Bifenthrin** que es un insecticida. Aunque está clasificado como producto químico de uso restringido en los Estados Unidos, se le permite ser vendido para **el uso doméstico**, siempre que el producto vendido tenga una baja concentración de dicho producto

Es muy eficaz contra pulgones, gusanos, hormigas, mosquitos, polillas, escarabajos, saltamontes, ácaros, mosquitos, arañas, garrapatas, gusanos, trips, orugas, moscas y pulgas. Se utiliza sobre todo en los huertos, viveros, y los hogares.

Bifentrina no es en absoluto tóxicos para las plantas pero como sucede con todos los fertilizantes para gramas, es conveniente no utilizar en plantas o árboles.

Habiendo controlado con el fertilizante apropiado la presencia exagerada de insectos debemos también tener en cuenta la aparición de **hongos** u enfermedades propias del verano.

Siempre repetimos lo mismo, si tenemos una grama cuidada y tenemos información adecuada de la grama (soil test) no deberiamos tener problemas por que nuestra grama estará fuerte y resistente.

El verano suele ser un ambiente propicio para que aparezcan hongos en la grama y a continuación veremos como actuar cuando los detectamos.

Cuales son sus **síntomas**?

Existen varios síntomas de acuerdo al tipo de hongo. Puede la grama comenzar a manifestarse primero en forma de pequeños puntos muertos o descoloridos de hierba, los cuales pueden ser de color marrón o blanco, y, en algunos casos, la hierba puede ser más delgada en estas manchas o incluso desaparecer. Si no se trata, con el tiempo se mezclan entre sí para crear un área grande y muerta.

A menudo, podrás detectar los problemas de hongos en las "hojas" de tu césped. Las manchas marrones y púrpura, las cuales aparecen a menudo más como rayas ya que la hierba es muy delgada, indican la presencia de "hongos ", los cuales se comen el césped hasta que lo desaparecen.

Otro síntoma puede ser si las hojas del césped se ven como si hubieran puntas abiertas o han sido destrozadas, o se ven partes de las gramas en forma de círculos amarillentos.

Todos son síntomas ciertos de la existencia de hongos.

Como **evitar** la presencia de hongos?

Como hemos mantenido siempre en este manual debemos tener en cuenta de que las enfermedades atacan a las plantas débiles, es decir que si tomamos todos los cuidados, deberiamos tener grama sana.

En caso contrario actuar :

- Elige especies y variedades de semillas adecuadas al clima, suelo y condiciones particulares de tu jardín. Hay mezclas para sol y sombra, otras son más adecuadas para soportar mucho tráfico, otras para resistir la sequía etc

- **Riega lo necesario, ni mucho ni poco.** El riego excesivo acarrea la pudrición de las raíces y que se "malacostumbren" al riego, sufriendo cuando les falte un cierto tiempo. Tampoco deben pasar sed las plantas. La pregunta clave es entones : cuanto debo regar ? Lo ideal es regar dia por medio NO todos los días.

Como podemos cuantificar el agua ? Pues lo ideal es regar aproximadamente 1" ½ de agua a la semana y si los calores en verano son

muy intensos entonces llegar a 2" ½ como máximo a la semana.

Como podemos medir dicho valor. Pues muy fácil. Cada nursery o retail especializado tiene medidores de lluvia o de agua a muy bajo

precio y lo debemos ubicar en lugares que estemos seguros que tanto el agua de riego como de lluvia va a llegarle de forma segura.

Si no más fácil aún, podemos tomar un recipiente de plástico de boca ancha,(puede obtenerse cortando por la mitad una botella de soda)

y con un marcador marcar las medidas que nombramos anteriormente (1" ½ y 2" ½) y ponerlos también en lugares seguros de que

podrán recoger el agua ya sea por riego o por lluvia. Cuando el agua almacenada en estos medidores llega a las marcas deseadas, no

debemos regar más hasta la semana siguiente.

Es importante también como vemos el uso debido de los pronósticos del tiempo. Hoy por hoy tenemos la capacidad de saber o al menos

tener idea de como va a estar el tiempo en la semana, por lo tanto podemos programar el riego de nuestra grama.

Medidor de agua doméstico

Cuando debo regar? Lo ideal es regar o por la mañana bien temprano o por la tarde. Siempre sin sol. Por que sin sol? El sol puede

producir estragos en las gramas en lugar de ayudar al proceso de su crecimiento. Puede llegar a quemar las raices si hemos cortado muy

corto la grama y además puede llegar también a quemar las hojas de la grama.

Les pondré un ejemplo práctico. Todos sabemos que si ponemos un trozo de papel debajo de una lupa expuesta a los rayos solares,éstos se concentran de tal manera sobre el vidrio de la lupa que provocan la quemazón del papel. Pues un efecto similar puede provocar las gotas de agua estacionadas sobre las hojas de la grama al rayo del sol, puede de esa manera quemar la hoja como si hiciera el papel de la lupa.

Si poseemos sistemas de riego "Underground" debemos tener especial cuidado en la programación de dichos sistemas para lograr regar la cantidad necesaria, y en el momento ideal y además debemos tener la posibilidad de interrumpir el riego cuando las lluvias son intensas.

También podemos evitar daños provocados por el sol con otro tema importante que es el **tamaño del corte** de la grama. NUNCA debemos cortar la grama muy corta, siempre debemos dejar que crezca entre 3" y 4". Cuando cortamos la grama debemos provocar en realidad un "peinado" de la grama en lugar de un corte.

Como podemos medir el tamaño del corte ?

Muy fácil. Ya hablamos un poco sobre este tema en el Capítulo 6. Todos las máquinas cortadoras de gramas tienen cercas de sus ruedas unos reguladores de altura. Este lo debemos poner exactamente un punto más de la media. Por ejemplo la mayoría tiene 6 posiciones, nosotros la pondremos en la posición 4 . Así de fácil.

Abonado.

Como estamos viendo una fertilización correcta,equilibrada en todas las estaciones y todos los años es la base para un buen desarrollo de la grama.

Recordemos las principales características de los más importantes nutrientes de los fertilizantes que usaremos (Los nombramos en el orden commercial para identificar los porcentajes):

El **Nitrógeno (N)** da vigor y abundancia de hojas, y favorece a la fotosíntesis (hablaremos sobre ella más adelante)

El **Fósforo (P)** estimula un abundante desarrollo de raíces.

El **Potasio (K)** aumenta la resistencia de la planta a las enfermedades, a la sequía y al frío.

Estos nutrientes los debemos usar siempre en su justa medida por que ya sea el exceso como su carencia en los suelos puede provocar deterioros importantes en nuestra gramas y jardines.

Exceso de fertilizantes

Primero trataremos el exceso de fertilizantes o nutrientes, en concreto es el exceso de Nitrógeno (N), porque los demás nutrientes, como Fósforo (P), Potasio (K), Magnesio (Mg), etc. es muy raro que sean perjudiciales, ya que harían falta grandes cantidades de abono.

El Nitrógeno (N) en alta concentración en el suelo provoca:

Quemaduras en las hojas al mismo tiempo que provoca un desmesurado crecimiento

Por lo tanto la hierba es más tierna, tiene más agua, lo que la hace más propensa a plagas, hongos, sequía y frío.

Que debemos hacer ?

Siempre leer bien las etiquetas de los productos donde se señala siempre la cantidad que debemos aportar al suelo de acuerdo a la medida del mismo. No debemos excedernos nunca de las cantidades que marcan los envases.,

Carencias de nutrientes

En el caso de carencias de **Nitrógeno (N)** :

- La hierba crece poco
- Las hojas presentan un color verde pálido tirando a Amarillo
- Invaden malezas poco exigentes de Nitrógeno como el Clove

Estos mismos síntomas también pueden producirse por un exceso de riego por lo que nuestra observación debe ser siempre acertada y continua, y si es necesario debemos intensificar nuestra observación.

Cuando la carencia es de **Fósforo (P):**

- Igual que pasa con el Nitrógeno, la grama crece poco
- Esto es bien característico, las hojas se vuelven verde bien oscuro pero las puntas se amarillean y se comienzan a secar.
- Si se observan más profundo se podrá ver que las hojas también se ondulan

Cuando las carencias son de **Potasio (K)** y otros nutrientes como **Magnesio (Mg), Azufre (S) o Hierro (Fe)** los síntomas son similares : las puntas y los bordes de los hojas toman un fuerte Amarillo y luego se secan

Aquí es donde vuelve a tener importancia el hacer un Análisis del Suelo (soil test en inglés) y si es preciso análisis de las hojas en un laboratorio para saber distinguir verdaderamente cual es el producto que carece el suelo.

Bueno ya sabemos cuales son los síntomas de la aparición de hongos, sabemos también que lo puede llegar a provocar, pues ahora nos queda como combatirlo :

Lo primero es tener un **Tratamiento Preventivo** con fungicidas.

Si se ha tenido ataques de hongos en años anteriores, es probable que se produzca una re-infección. Se aconsejan hacer tratamientos fungicidas preventivos, en particular en los momentos de más riesgo (temperatura cálida con humedad).

Otra situación de riesgo es si ves ataques de hongos en céspedes vecinos o cercanos a tu jardín, o simplemente, si quieres evitar hongos en todo caso, recurre a los tratamientos químicos preventivos.

Recordar que cualquier funguicida que usemos debemos siempre leer con atención todas las instrucciones detalladas por el proveedor y si tenemos dudas preguntar al distribuidor o al mismo fabricante.

Debemos distinguir tres momentos:

- En el momento de la siembra. Estos tratamientos la gente normalmente no los hacen, se siembra y no aplican fungicida alguno, pero si quieres evitar riesgos, **sería Bueno usar un funguicida preventivo.**

- En céspedes ya establecidos, para prevenir hongos, haz un tratamiento en cada uno de los meses de la primavera con los mismos productos anteriores. Si fuera necesario, por las condiciones favorables al desarrollo de hongos (tiempo cálido y húmedo), haz 2 tratamientos separados 10 ó 12 días.

- A finales de verano o principios de otoño, momento también de riesgo por las temperaturas y humedades altas, es conveniente dar otro pase preventivo.

Reitero : estos tratamientos químicos preventivos se justifican si una plaga o enfermedad apareció al año anterior. En tal caso, es lógico que vuelva a manifestarse y puedes tratar incluso sin ver síntoma alguno.

Si hemos tenido un terreno"limpio" de hongos no deberiamos agregar más químicos innecesarios al suelo.

Si se produce el hongo luego de estar establecida la grama entonces tendremos que hacer **Tratamientos curativos** con fungicidas

En gramas cuando ya se ven síntomas, usamos los fungicidas y se repite la aplicación a los 10 días o a los 7 si la infección es más fuerte. Si no se extienden las manchas, es que ha funcionado.

Varios consejos para beneficio de la grama al tratar el suelo con fungicidas :

- Intentar identificar si es posible de qué hongo se trata para elegir un producto (fungicida) más específico todavía. La identificación segura es un examen microscópico en laboratorio pero la experiencia y la observación visual también es importante y puede ser determinante. Podemos llevar a la tienda especializada una muestra de las hojas o una foto del suelo para que un empleado de la tienda con experiencia nos ayude a identificar la clase de hongo.

- No riegues los 3 días posteriores a tratar para no lavar el producto.

- Cuando detectas un hongo en tu grama sube la altura de corte para que la planta aguante mejor el trance de la enfermedad. También se debe hacer en caso de sequía, plagas u otros accidentes.

- Limpia la carcasa y cuchillas del cortacésped con fungicida con la idea de que no se extienda el hongo por todos lados.

- Rectifica el riego y/o la fertilización si está siendo excesiva o escasa.

- Sanea y resiembra las áreas muertas

Capítulo 9

Septiembre 22 Comienzo del Otoño
"Escena - Delta δ"

Comienza el otoño con todo lo que eso representa. Veamos algunas de las cosas que suceden cuando llega esta estación.

A la caida de las hojas de los árboles y de las plantas y la aparición de colores solo producidos en esta estación se suceden otras situaciones. Lo más importante del otoño es que es una estación que preparará a la tierra y la grama para el inicio del letargo que se producirá en la grama durante el invierno

A continuación detallaremos todo lo que debemos hacer en esta escena :

Los riegos se van espaciando cada vez más en otoño y dependiendo de las lluvias caídas, se puede suprimir totalmente. <u>**Por ejemplo, regar el césped, 2 veces por semana estaría correcto**</u>

Recoge con frecuencia las hojas caídas, así como las flores marchitas y utilízalas para hacer compost. Es importante mantener limpia la grama aunque no se corte la grama por que ya no crece con tanta rapidez.

En lo que tiene que ver con la **fertilización.** Como vimos antes cuando hablamos de los nutrientes más communes que contienen los fertilizantes El **Nitrógeno (N)** es el que da vigor y abundancia de hojas a través de la fotosíntesis.

El Fósforo (P) estimula un abundante desarrollo de raíces y el **Potasio (K)** aumenta la resistencia de la planta a las enfermedades, a la sequía y al frío.

A medida que el césped comienza a entrar en letargo, los nutrientes son dirigidos a los sistemas de la raíz en lugar de producir hojas. El resultado es raíces más fuertes y más grandes cuando llega la primavera. El fertilizante que usemos en el otoño para el invierno ayuda a enviar los nutrientes adicionales a su sistema de raíces, pero sin fomentar una oleada de crecimiento en la grama. Es decir el fertilizante que usemos hará fuertes a las raíces pero no provocará crecimiento de las plantas de grama.

Como todo momento climático y de acuerdo a la estación en que se vive : en el otoño, debemos poner atención en el fertilizante y muy especial en esta estación por que sucederán dos cosas importantes una es que como dijimos antes, la grama entra en un letargo que dura todo el invierno y además en el invierno el suelo no recbirá tratamiento con fertilizante, de ahí la importancia de la elección del fertilizante en el otoño.

Como dijimos antes tanto la primavera como el otoño son buena época para plantar grama nueva ya sea en totalidad o en pequeños parches de re-sembrado.

Aunque debemos tener en cuentra que hay una diferencia importante entre el sembrado en primavera y el de otoño. En primavera se puede sembrar o resembrar en cualquier momento de la estación, en cambio en el otoño los jardineros deben sembrar el césped temprano en el otoño para darle suficiente tiempo para establecerse antes que las temperaturas bajen. El césped sembrado demasiado tarde en el otoño no puede establecerse lo suficientemente rápido como para resistir el daño invernal.

Además, necesita al menos un mes de crecimiento (o cuatro cortes) antes de aplicar fertilizantes para el invierno.

El mejor momento para aplicar el fertilizante de otoño es entre finales de octubre y principios de noviembre

Pero cual fertilizante utilizar ? que características tendría que tener?

Bueno en el caso de que hallamos sembrado o resembrado tendremos que utilizar fertilizante tipo "Starter" que tienen una composición que puede variar entre 24(N)-25(P)-4(K) hasta otros más audaces que pueden estar entre 13 (N)-25(P)-12(K).

El otoño es una época para el crecimiento de raíces y el almacenamiento de hidratos de carbono que necesita la planta para hibernar y luego el crecimiento en primavera.

Pero hay un error común que se comete a veces es considerar que se necesita fósforo para el desarrollo de la raíz. Esto sólo es cierto en este caso, es decir cuando sembramos áreas nuevas o re-sembramos áreas ya establecidas.

Por eso aunque parezca contradictorio, anque vamos a ver que no lo es, el fertilizante a utilizar en otoño para enfrentar el invierno en áreas regulares de grama y en la cual no se ha sembrado o resembrado debe tener abundante Nitrógeno y Potasio y no nos debemos preocuparnos tanto por el fósforo. Un buena composición podría ser 32 (N)-0 (P)-10 (K)

Es decir en la grama ya establecida, el crecimiento de raíces está determinada por la capacidad de su fotosíntesis. Las raíces necesitan energía y la energía proviene de la fotosíntesis que se produce en las hojas de la grama y el nitrógeno estimula y aumenta la fotosíntesis.

Y qué es la **fotosíntesis** ?

Es la conversión de materia inorgánica en materia orgánica gracias a la energía que aporta la luz y a la Clorofila, que es una sustancia de color verde que tienen las hojas. Esta absorbe la luz solar necesaria para realizar el proceso. Este proceso permite a la grama igual que a cualquier planta crecer y desarrollarse.

El proceso total de la fotosíntesis es bien fácil: las raíces de las plantas absorben agua y minerales de la tierra **(absorción)**, a través del tallo de la planta o de la grama en este caso sube el agua y los minerales absorbidos **(Circulación)**, a continuación a la llegada de estos elementos a la hoja, allí con la luz solar se produce el proceso **(Fotosíntesis)** y de esa manera se produce oxígeno que es expulsado por las hojas y es el elemento que respiran todos los seres vivos. De ahí la importancia de la fotosíntesis

Esto explica la necesidad de nitrógeno que da vigor y abundancia a la grama y sus raíces a través del proceso de la fotosíntesis.

Pero en realidad el potasio (K) muy importante para una aplicación de otoño. Ayuda a endurecer la grama y protegerla de las tensiones climáticas (tales como el clima frío y la luz solar reducida)

Hoy existen en el mercado semillas de grama que son especiales para plantar en otoño con un altísimo porcentaje de Potasio y que germinan y crecen rapidamente y con mucha fuerza en Otoño.

Algunos profesionales tienen dudas sobre si son pereniales y regresan cada año con la misma fuerza pero si volvemos a resembrar el mismo tipo de semilla cada año esto se solucionaría.

Y todo esto será suficiente para que la grama soporte el invierno de la mejor manera.

Capítulo 10

Diciembre 21/22 Comienzo del Invierno
"Escena Epsilon E ε"

Si hemos cumplido de la mejor forma todo el proceso, sólo nos queda esperar que el invierno pase y llegue la primavera y comenzar de nuevo todo el proceso.

Con el invierno también llegan algunas preocupaciones para los dueños de casa.

Una de ellas es sobre el **color de la grama.** Quién no quisiera tener la grama con un verde intenso aunque pase el mayor tiempo cubierto por heladas o nieve.

Sobre este punto se han intentado muchas soluciones, algunas de ellas bien locas, hasta tintes en sprays especiales para pintar de verde la grama en invierno.

Lo que si se puede hacer si el deseo de mantener verde la grama es nuestro objetivo es investigar cual es la mejor semilla de grama en el momento que vayamos a sembrar o resembrar.

Existen varios tipos de hierbas para usar en zonas frias que incluyen Raigrás, Bluegrass, Kentucky blue grass, Festuca o Tall fescu, etc. Cada hierba tiene además muchas especies diferentes que crecen en varias zonas de la resistencia del Departamento de Agricultura de Estados Unidos.

Al elegir una hierba para temporada de frío, se debe tener en cuenta tres cosas muy importantes :

- la textura que desea,
- la rapidez con que desea que el césped se arraigue,

- y si su jardín recibe la luz solar normal durante el otoño y el invierno.

Por ejemplo, Kentucky bluegrass no crece bien en zonas de sombra y es lento para crecer en general. Los Festuca que son duros, sin embargo, crece bien en zonas de sombra y crece a un ritmo más rápido. Esto lo veremos en el capítulo de elección de la semilla.

Pero si mantener el color verde en la grama no es nuestra obsesion, no debemos preocuparnos si la grama con los primeros fríos o nevadas comienza a tomar un color marrón amarillento. Es normal y a la llegada de la primavera volverá a tomar su color verde intenso.

Las nevadas también nos ayudará a combatir las malas hierbas, las fuertes nevadas suelen ser el mejor herbicida y todavía natural y gratis.

Cuando hablamos de la primera escena : **"Escena Alpha"** ya hablamos de como tratar la nieve en la grama.

Capítulo 11

Siembra – Re-siembra y rollos de césped (tepes)

Como ya hemos dicho el mejor tiempo para la siembra como re-siembra o poner rollos de césped es en primavera y en los primeros tiempos del otoño.

Que diferencia existe entre siembra y re-siembra ?

Generalmente cuando hablamos de **siembra** estamos hablando de áreas nuevas y **re-siembra** nos referimos a la reparación de áreas donde se eliminaron malas hierbas o áreas donde se quitó grama infectada por hongos.

Ambas son con la utilización de semilla de grama.

En el Capítulo 6 ya explicamos sobre tipos de tierras especiales que hay en el Mercado para siembras de semilla de grama para utilizar en parches no en grandes extensiones.

También hablamos de la existencia en el Mercado un tipo de semilla que viene también con el fertilizante y un montillo especial que lo proteje de cualquier inconveniente y es de rápido crecimiento. Bien fácil para personas que no les gusta mucho "invertir" su tiempo en la jardinería o tienen areas muy pequeñas para reparar.

Re-siembra

Ya vimos como las gramas están sujetos a las condiciones climáticas, invasiones de malezas, plagas de insectos y tráfico.

Que se logra con la resiembra ?

Pues la grama delgada, dañada o descuidada se beneficia de la resiembra para mejorar su apariencia y salud. Las razones para resembrar los céspedes incluyen rellenar las manchas marrones y desnudas, espesar las áreas delgadas y la recuperación de césped saludable de las malas hierbas invasoras. La resiembra productiva y exitosa implica algo más que lanzar semillas de césped en un área. La preparación del sitio, las herramientas adecuadas y el mejor momento asegura la resiembra exitosa

Por qué resembrar ?

Resembrar mejora el aspecto en general y la salud del césped, proporcionando una apariencia más uniforme. Si se hace con la debida preparación, se llenan las áreas descubiertas, se reparan los parches de color marrón, se espesan las áreas finas, entonces de esa manera se mejora la salud de la grama eliminando el crecimiento de la maleza y llenando los espacios vacíos con plantas sanas de hierba nueva. Es una buena manera de aprovechar el momento e introducir una variedad de hierba más fuerte a tu césped para sus condiciones de crecimiento. La mayoría de los céspedes se benefician de resiembra cada dos años, junto con otras tareas de mantenimiento, como la aireación y la fertilización cumpliendo con todos los escenarios que hablamos anteriormente

Preparación

Cuando damos un consejo o una idea lo hacemos con el único fin de quien la recibe obtenga algún beneficio, tratamos de transmitir de acuerdo a nuestra experiencia, a nuestros estudios, a nuestras investigaciones y también oyendo a clientes que cuentan sus experiencias, todo lo que sea conveniente para ese momento y con especial interés en la preparación del suelo. Después cada uno tomará en cuenta lo que mas crea conveniente o simplemente no tendrá en cuenta nuestros consejos y bueno también respetamos esa opción.

Antes de esparcir semillas y regar, preparar la zona para volver a sembrar es muy importante lo siguiente : Si hay manchas de paja, hierba seca, césped color mate y restos de hojas, debemos quitar todo con un rastrillo. Si el césped está lleno de baches o tiene depresiones, primero se debe rellenar con tierra regular (topsoil) el área hasta nivelarlo y luego si tenemos una herramienta como un rodillo pesado lo deberíamos utilizar para nivelar la superficie.

Entonces airea el césped con sandalias de aireación o un aireador.

Remover y quitar las malas hierbas es imprescindible.

Otra cosa que debemos eliminar es el Musgo si es que existe en el lugar donde vamos a resembrar

¿Musgo en la grama ? pues si y crecen bajo los árboles, en lugares húmedos y sombreados. Debemos utilizar productos Antimusgos comerciales y luego usar un rastrillo para retirar lo muerto. Y muy importante dejar secar con el sol el area tratada y no regar el área por unos días para no acumular la humedad. Si es un lugar húmedo no necesitará un riego continuo.

Además no olvidemos que como vamos a tener que dejar crecer la nueva grama resembrada, hay que hacer, antes de iniciar el resembrado, un corte de la grama existente para que después no haya tanta diferencia entre la nueva grama y la ya existente.

Si no utilizamos las tierras especiales de re-siembra que ya detallamos en el capítulo 6, o tampoco usamos las mezclas de semillas de crecimiento rápido que mencionamos en ese mismo capítulo, la manera de sembrar la nueva semilla la detallaremos cuando hablemos de la siembra propiamente dicha.

Siembra

Como dijimos arriba cuando hablamos de siembra de grama, hablamos de plantación de semilla de grama en áreas nuevas. Por lo tanto antes que nada debemos preparar esa tierra de la misma forma que lo hacemos por una re-siembra.

Antes que nada rastrillar y limpiar el área, remover y aflojar la tierra al menos con una profundidad de 2" a 3 ".

Posteriormente es bueno mezclar con la tierra existente nueva tierra y en lo posible tierra bien negra que ayudará a tener un fortalecido suelo. Esto originará un suelo con distinto color al ya existente y que se podrá distinguir visualmente del anterior.

Luego con un esparcidor rociaremos **<u>fertilizante de inicio ("Starter")</u>** que está formado con altos porcentajes de Nitrógeno y fósforos, ya sea para realizar el proceso de fotosíntesis y tomar fuerte color verde en sus hojas con el primer nutriente o para fortalecer las nuevas raíces sostenido por el segundo nutriente: el fósforo.

Debemos leer y aceptar las instrucciones de cantidad de fertilizante a rociar que se encuentran en los envases.

Si usas un estiércol u otro abono natural para mejorar el suelo, estos deben estar bien fermentados y mezclados bien con la tierra para que el contacto directo con las raíces no las "queme".

El siguiente paso es aplicar la semilla de grama que hemos elegido para sembrar.

El tipo de semilla a utilizar ya lo veremos más adelante pero cualquiera que usemos debemos usar también el esparcidor y de la misma manera que el fertilizante debemos leer y aceptar las instrucciones expuestas en los envases.

Cuando hemos hablado ya sea de aplicar fertilizante o semilla hemos nombrado una herramienta muy importante que es el **esparcidor.** Esta herramienta es muy importante y siempre debe usarse para las dos funciones.

Existen tres tipos y cualquiera puede usarse : uno pequeño, manual, otro giratorio y por último puede ser de goteo. Dependiendo de la extensión de área que vamos a sembrar elegiremos el mejor pero cualquiera de ellos se puede utilizar.

En cada bolsa de producto se detalla que número de apertura se debe utilizar en el esparcidor para la salida eficiente del producto y que debemos respetar para hacer mejor el trabajo.

Nunca debemos aplicar ya sea fertilizante o semilla con la mano. Siempre debemos utilizar un esparcidor.

Los motivos son varios : En primer lugar por que aunque usemos guantes el posible contacto que pueda tener el producto con nuestra piel, sería nosivo para nuestro cuerpo.

Otro motivo es que aplicando con la mano, seguramente no lo podremos aplicar de forma equitativa, y en algunos lugares de nuestra grama aplicaremos el fertilizante en exceso y provocaríamos que la grama se quemara y si estuviéramos aplicando semilla, provocaríamos exceso en algunas áreas y carencias en otras áreas y como consecuenia un crecimiento desparejo de la grama.

Como se relaciona el uso del esparcidor con una buena siembra ?

Generalmente las áreas de sembrar son áreas rectangulares como la que tenemos seguidamente :

Debemos tener un orden ya sea para aplicar fertilizantes o esparcir semilla.

En primer lugar siempre debemos hacer la aplicación a lo largo del terreno, nunca a lo ancho. La razón?

Generalmente a lo largo del terreno es la dirección por donde se hace el drenaje del agua en el terreno. Por lo tanto es bueno trabajar en ese sentido.

Comenzamos en un ángulo del terreno y aplicando (semilla o fertilizante) con el esparcidor regulado correctamente y caminando a paso normal, al llegar al final del extremo caminaremos 5' en la dirección a donde continuaremos la aplicación y caminaremos con el mismo paso hacia el lado donde comenzamos, al llegar doblaremos y caminaremos 5' otra vez y volveremos hacia el otro lado y asi sucesivamente hasta completar la totalidad del terreno.

Por que debemos caminar en cada extremo unos 5' ? :

Por que el esparcidor en forma natural expande 5' el producto y por tal motivo si no tomáramos esa medida, estaríamos sobrecargando ya sea de fertilizantes o de semilla toda el área y como ya vimos no es bueno el exceso.

Ya que hablamos de herramientas ya sea para la siembra o resiembra hay alguna que debemos utilizar para lograr tener éxito.

Algunas de ellas : **un rastrillo robusto** y pesado para limpieza, aflojar la tierra y mezclar tierra, semillas y fertilizante e incluso usarlo como una eficiente escarificadora herramienta.

Para un trabajo doblemente exitoso posiblemente necesitemos, un **motocultor** si es que necesitamos limpiar profundamente el área y remover la tierra, y cualquier tipo de **aireador**.

Posteriormente como último paso de la siembra es cubrir todo lo sembrado con Sphagnum, que es una especies de musgos comúnmente llamados *musgos de turbera* (*peat moss*) Este producto se caracteriza por retener grandes cantidades de agua dentro de sus células y además tiene la particularidad que ayudará a proteger las semillas recién plantadas de los pájaros, invitados de honor y que siempre aparecen en las siembras de las semillas de gramas.

Tanto en la siembra como en la resiembra es muy importante el riego. Se debe regar a diario, ideal 2 ó 3 veces al día durante los primeros días.

Esto aumentará la germinación y el tiempo de establecimiento, por eso hay que mantener el suelo húmedo después de sembrar el césped.

Algo que debemos tener en cuenta es que el Sphagnum es muy "traicionero", no bien se riega luce como totalmente mojado pero si uno mueve con rastrillo se verá que por debajo todavía está seco, y por eso es muy importante el riego diario y sistemático.

Otra cosa que debemos tener en cuenta al trabajar con Sphagnum *(o peat moss)* es que es un producto mu volátil y muy liviano, por eso viene envasado al vacío y en envases grandes.

No es conveniente abrir todo el envase, tirarlo en el terreno y luego esparcirlo con el rastrillo por que si es un día ventoso, será muy complicado su aplicación por esa razón.

Lo ideal es hacer una especie de gran ventana en el envase y con una pala adecuada ir sacando el producto del envase y con la misma pala ir esparciéndolo sobre el terreno y si es un día ventoso, vamos poniendo el producto y regando al mismo tiempo para que se vaya asentando sobre el terreno.

Después de éste último paso queda esperar el crecimiento de la grama y de acuerdo a la estación que hemos sembrado comenzar el proceso de cuidado de la misma.

Obviamente como toda acción que tomamos en nuestra vida, la siembra puede tener inconvenientes que nosotros no deseamos pero a veces por errores nuestros o por desconocimiento suceden. Veamos algunas :

A veces en las gramas recién sembradas comienzan a verse algunas zonas descoloridas y marchitas y esto sucede por que ya hay existencia de hongos. Por eso es muy importante la limpieza y eliminación de todo rastro anterior de hongos en la misma tierra antes de comenzar cualquier siembra o re-siembra.

Otro problema que debemos evitar y que vamos a profundizar más adelante es hacer una buena elección de la semilla y especialmente ver que sean semillas nuevas. Por lo general aunque no se dice la fecha de expiración de la grama no debería ser más de un año por que después de ese tiempo las semillas pierden poder germinativo.

Otro tema es la profundidad con que la semilla es enterrada cuando sembramos. No es bueno que la semilla se entierre demasiado profundo.

Otra cosa muy importante en la siembra y re-siembra es no abusar con el fertilizante o sea sobre-fertilizar. Como hemos dicho a lo largo de este manual, debemos leer las instrucciones de todos los envases, es muy importante aplicar en su justa medida.

Y por último si bien ya hemos dicho cuales son las mejores estaciones y momentos para sembrar, no dejaremos de insistir que con temperaturas bajas no hay germinación por lo tanto no debemos sembrar en los momentos más fríos.

Exactamente igual, no debemos plantar en momentos de mucho calor, o sea no plantar ni en invierno ni en pleno verano.

Rollos de Grama (Sod)

Sin dudas en todo los acontecimientos de la vida existen pro y contras y lo mismo sucede cuando tenemos que elegir entre plantar semilla de grama o plantar rollos de grama (Sod).

La impaciencia y muchas veces la ansiedad en que viven tanto los dueños de la propiedad como el jardinero que planta las semillas para esperar ver el fruto del crecimiento de las plantas de gramas se opone abiertamente a la rapidez con que solucionamos el problema de nuestra grama usando los rollos de grama.

Obviamente esa rápida respuesta tiene un precio mayor cuando usamos los rollos de grama (que tienen un valor que puede oscilar según la calidad entre $7.00 a $ 8.00 o un poco más de acuerdo a la zona y cubriendo cada rollo aproximadamente unos 10 pies cuadrados) que cuando usamos semilla para vestir nuestro jardín.

Por lo tanto la elección dependerá no sólo de la rapidez que necesitemos tener disponible nuestro jardín sino también de nuestro presupuesto.

Como hacerlo?

Primero y antes que tomar acción cuando nos decidimos a plantar los rollos debemos tener en cuenta no solo las ofertas de precios u otros agregados, todos interesantes y valederos que utilizan los productores de rollos, como entrega gratis, buen precio, etc. Sino también debemos investigar la calidad y tipo de semilla que se utilizó para la obtención de la grama que vamos a comprar.

Más adelante cuando hablemos de los tipos de semillas adecuados para nuestra área, podremos usar los mismos criterios para elegir el Sod.

Ya tomando acción debemos como siempre que vamos a iniciar algún trabajo en nuestro jardín preparar el área de siembra eliminando la maleza o césped antiguo.

Hay personas que deciden utilizar herbicidas no selectivos, para eliminar de raíz cualquier residuo de malas hierbas, pero en este caso se debe esperar aproximadamente quince días para instalar los rollos para estar seguro de que los herbicidas usados no serán perjudiciales para la nueva grama.

Si se utilizan herbicidas con extensión de acción de trabajo, es decir productdos que después de su aplicación y matar la maleza continua actuando de forma preventiva por un tiempo en el terrreno, debemos investigar en la etiqueta del producto, que tiempo debemos esperar para poder sembrar la nueva grama.

Ambas situaciones también la debemos tener en cuenta si sembramos semilla.

Si antes dijimos que una de las ventajas de los rollos era la rapidez con que contábamos para "vestir" nuestro jardín es un poco contradictorio usar productos que debamos esperar dos semanas o más tiempo para plantar el Sod, pero son opiniones y muchas veces son exigencias de nuestros clientes.

Personalmente si la decisión es la de usar rollos, me gusta no solo la rapidez sino tratar de no usar más productos químicos que se puedan evitar.

Por eso utilizaría un motocultor para aflojar las 6 primeras pulgadas (15 cm) de suelo y barrer la vegetación muerta con rastrillo.

Nótese que existe una diferencia en la profundidad que debemos trabajar con la semilla que con los rollos por que justamente la semilla no tiene que plantarse muy profundo porque sino dificulta su germinación y crecimiento.

Posteriormente existen varias técnicas para terminar de preparar el suelo a trabajar que difieren según la personas que haga el trabajo y como se dice comúnmente "cada maestro con su libro" Todas son valederas y cada uno elige lo que cree será el mejor.

Opción 1 : Añadir fertilizante tipo "Starter" para fortalecer las raíces sobre el área de siembra, siguiendo como siempre insistimos, las instrucciones de cantidad de las etiquetas, mezclándolo con las primeras pulgadas del suelo, luego regar el suelo y dejar asentar el fertilizante por 24 horas.

Opción 2: A la opción 1 muchos jardineros le agregan insecticida en polvo o granulado por que tienen miedo de que surjan especies de gusanos que se coman las raíces de los rollos de gramas. Si utilizan esta opción debe tenerse en cuenta las instrucciones del envase y tomarse el tiempo necesario para la puesta de los rollos. Seguramente el plazo será mayor que el de 24 horas de la Opción 1.

Opción 3: A mi me gusta trabajar con una opción más natural y utilizo Sphagnum Peat Moss (teniendo en cuenta las características de este producto que vimos antes). Por que no usar insecticidas ? por que si elijo un buen Sod o rollos de grama y garantido en su calidad (no en el crecimiento obviamente que dependerá de otras cosas) no me gusta agregar más químicos a la tierra y con respecto a no poner fertilizantes es por que los rollos de gramas en su proceso de crecimiento ya han sido tratados con los fertilizantes que necesitaba y además como ya he dicho prefiero usar algo más natural como lo es el Sphagnum Peat Moss.

De cualquier manera es importante limpiar y revisar cuidadosamente todo el terreno antes de comenzar a poner el Sod o sembrar o resembrar semilla. Siempre debemos estar atentos a la existencia de cualquier plaga. Si necesitamos ayuda no dudemos en consultar a un profesional o ir a una de las tiendas especializadas.

Antes de comenzar el trabajo debemos constatar de que el terreno está nivelado, no tiene pozos ni fuertes depresiones y con un liviano desnivel hacía algunos de los lados del terreno para que el agua se transporte rápidamente y no se estanque en el terreno, por que eso ayudará a establecer hongos por la cantidad de agua acumulada.

Si constatamos desniveles antes de comenzar el trabajo, debemos nivelar el terreno con simple tierra (topsoil) hasta emparejar todo el terreno.

Posteriormente divido al terreno en áreas no muy anchas, aproximadamente 10' (que son el ancho de 5 rollos) y el largo que tenga el área. No olvidemos que siempre que elijamos un área para trabajar en jardinería, sea para plantar semilla, o rollos o para aplicar fertilizante o simplemente para cortar la grama debemos siempre hacer el trabajo a lo largo del terreno y no a lo ancho.

Otra cosa muy importante que debemos elegir es el lugar donde comenzamos a poner los rollos. El lugar ideal es el que más queda a la vista y debemos terminar el trabajo en los lugares que menos se tenga acceso o se vean. O sea debemos comenzar por los lugares más frecuentados, o los más cerca de la casa o de los lugares que queremos embellecer y además debemos seleccionar un borde recto para ese inicio del trabajo.

Y esto por que? Pues por una sencilla razón. Seguramente en los últimos tramos del trabajo y por ajustes de medidas tendremos que cortar algunos trozos y eso no sería estético tenerlo que hacer donde se vea. Si bien con el tiempo todo quedará uniforme es mejor evitarlo desde el principio del trabajo.

Entonces sobre el terreno limpio comenzamos a esparcir el Sphagnum área por área y regamos abundantemente hasta que se forme un terreno barroso y con el rastrillo podamos comprobar de que en verdad está todo bien húmedo.

Y en la esquina del lugar elegido y el área elegida comenzamos a poner el primer rollo y luego el segundo, siempre a lo largo como ya dijimos, y asi sucesivamente hasta el final del largo del terreno.

En las uniones no debemos superponer un rollo al otro rollo, ni ponerlo separado que quede bien visible la división entre los dos. En estas uniones debemos utilizar nuestra manualidad. Debemos ponerlos bien juntos y con nuestras manos forjar la unión. En principio se notará la unión pero a los pocos días si hicimos bien nuestro trabajo manual entonces no se verá ninguna unión y todo se verá uniforme.

Cuando terminemos la primera línea del área, entonces comenzaremos la segunda línea de la primera área (recordemos que cada área que hemos dividido el terreno para trabajar mejor supone unos 10' de ancho – que son el ancho de 5 rollos) y aquí viene una cosa muy importante de la cual dependerá el éxito de nuestro trabajo:

El medio del primer rollo de la segunda fila debe coincidir con la unión de los dos primeros rollos de la primera fila y de ahí en más iremos haciendo una esctructura con "diseño de ladrillo" como se nota en las fotos siguientes :

Diseño de ladrillo

De esta manera comenzarán entonces los primeros cortes de los rollos que lo podremos hacer con cualquier elemento punzante como un cuchillo, una espátula etc.

Al terminar la primer área (10 ' de ancho por lo largo del terreno) entonces seguimos con la segunda área y así sucesivamente hasta finalizar el trabajo. Siempre cumpliendo con todo lo antes dicho.

Al finalizar dos cosas importantes : utilizar un pesado rodillo para alisar el área y presionar más los rollos al piso y de esa manera también ayudar a las uniones de cada rollo. (esta herramienta como no es de común uso la podremos rentar)

Y por último lo más importante será el riego a la grama todos los días hasta que se establezca y comencemos a ver su crecimiento y la invisibilidad de las uniones.

Debemos dejar crecer al menos unas 4" la grama para realizar el primer corte y de ahí comenzar el proceso de cuidado de la grama de acuerdo a la estación que nos encontremos.

Y desde ese momento sólo me queda el deseo como amante de la naturaleza, de que puedan disfrutar junto a su familia de esa alfombra verde que será el escenario de grandes acontecimientos como pueden ser el momento que comienzan a caminar nuestros hijos o nuestros nietos.

Rollos de grama en el momento de terminar el trabajo de establecida en el terreno.
Al finalizar el trabajo comenzaremos a regar intensamente para que desaparezcan las uniones entre los rollos de grama

Capítulo 12

Semillas de grama – Elección para una buena siembra

Ya hablamos anteriormente de cómo debemos plantar la semilla de grama, de como debemos ayudarla para que crezca sana, y ahora vamos a hablar sobre cual semilla debemos plantar en nuestro suelo y como elegirla.

En mis años de experiencia de trabajos en mayoristas y minoristas siempre oigo la repetida frase "esa semilla es mala, no trabaja" y trato de no contradecir al cliente que supuestamente "siempre tiene la razón", pero siempre me pregunto: Como a este cliente esta marca de semilla no le trabaja y otro cliente está satisfecho con la misma marca ? o simplemente como el mercado podría soportar una marca de semilla que no funcionara? Tendría que sacarla del mercado inmediatamente.

Pues la respuesta es simple y ya hablamos sobre ella cuando hablamos de la importancia de un **Análisis del Suelo (Soil test)** Si no sabemos que suelo tenemos no sabremos que ofrecerle para que nos de una linda grama.

Pensemos esto : cuando detectamos maleza en nuestra grama, o la presencia de insectos o plagas, enseguida y casi sin pensarlo corremos a la tienda a comprar cualquier herbicida o insecticida y está bien que lo hagamos pero no tenemos la misma disposición para saber como está compuesto nuestro suelo y así darle lo que realmente necesita.

Hay muchos elementos que nos van a ayudar a tener un césped de ensueño. Pero ninguna decisión es más importante que el primero: elegir el tipo de semilla de grama que vamos a usar.

Dicho esto una de las cosas que primero debemos responder es a la pregunta Donde vivo yo ?

El lugar donde vive debe ser la característica principal que le dirá qué tipo de especies son adecuadas para plantar en mi área y ahí podremos escoger la mejor opción

Si vivo en una región con un clima que es mejor para un césped de estación cálida debo usar semillas de gramas tolerantes al calor, y que permanezcan en estado latente una vez que las temperaturas comienzan a bajar o si la región es una **estación fría** debemos usar semillas para climas fríos, que requieren una gran cantidad de riego para mantenerse verde en altas temperaturas del verano y soportan la nieve y los frios manteniéndose en invierno en estado de letargo. Una vez que haya determinado el mejor tipo de semilla de pasto para su clima, a continuación, puede seleccionar las especies adecuadas en función de sus necesidades y preferencias.

Semillas de hierbas de temporada cálida

Las semillas de hierbas para regiones cálidas tienen algunas características comunes como por ejemplo son gramas resistentes a la sequia por lo que pueden sobrevivir durante mucho tiempo con bajas cantidades de agua y pueden crecer en variedad de suelos desde arenosos hasta los arcillosos.

Dentro de ellas podemos destacar : **hierba de Bermudas**: excelente para los céspedes de alto tráfico y áreas donde frecuentan niños y mascotas. Requieren una gran cantidad de luz solar directa para crecer, por lo que no es muy tolerante a la sombra, y tiene una baja tolerancia a las bajas temperaturas también.

Se utilizan con frecuencia para jardines residenciales, campos de golf, parques y campos deportivos. muy usado en el sur de la nación.En los últimos años, se han desarrollado variedades más tolerantes al frío de las semillas de Bermudagrass que permiten que se siembre en las zonas más frías más al norte.

Otra clase de semilla es **Buffalo hierba** Esta hierba es uno de los jardines de mantenimiento más bajos disponibles para el hogar. Se irá rápidamente latente en las temperaturas invernales más frías, pero no tolera la sombra ni el tráfico pesado

Se utiliza regularmente para jardines residenciales. Buffalo hierba madura como un césped suave y uniforme con impresionante tolerancia al calor, la sequía y el frío. Es por esto que es un tipo muy popular de la hierba.

Prospera y es más verde durante los meses más calurosos del verano. La belleza de esta hierba no puede ser mejor durante el verano

Buffalograss se beneficiarán de la fertilización aunque requiere poca, o ninguna.

El establecimiento de un césped nuevo desde cero con semilla buffalograss puede tomar tiempo para llenar completamente. También puede requerir alguna resiembra y la paciencia después de la aplicación inicial, pero a medida que crece el césped se llena en forma pareja. Buffalo hierba también puede ser cortado con poca frecuencia y al mismo tiempo crea una apariencia de "prado" robusto y salvaje

También se usa en zonas cálidas **Zoysia hierba**: Para espesor parejo y bajo uso de agua la semilla zoysia es una excelente opción para los estados del sur de la nación. Debe tenerse en cuenta que Zoysia toma de 2-3 años para establecerse plenamente. Pero una vez que se estableció proporciona una gruesa grama que permanecerá verde incluso durante las partes más calientes del verano, también soporta el tránsito peatonal más pesado, así como algo de sombra.

Otra variedad que pertenece a la zona cálida es **Bahia hierba** es una hierba estación cálida tolerante y adaptable, conocido por tener menos problemas de enfermedades e insectos que la mayoría de otras gramas de estación cálida.

Tiene raíces profundas y puede adaptarse a una amplia variedad de suelos. Bahia hierba tiene bajos requerimientos de mantenimiento y es resistente a la sequía. Es especialmente bueno para los suelos infértiles y zonas de tráfico intenso.

Es una buena opción.

Semillas de hierbas de temporada Fría

Fine fescue: es un término general para varios tipos de especies similares. Requieren muy poco mantenimiento y son ideales para zonas muy sombreadas. No requieren riego frecuente y son generalmente tolerantes con tráfico moderado. También son altamente adaptables a las condiciones de suelos pobres y necesitan poco de fertilizante

Prospera en climas más fríos y tolera temperaturas muy bajas. Esto hace que sea ideal para su uso en los estados del norte desde el norte de California se extiende al este hasta llegar a Illinois y Nueva York

Kentucky bluegrass: es la hierba más popular utilizado para césped en los Estados Unidos, y tiene muchas razones para que lo sea : Crea uno de los la mayoría de los céspedes posibles alta calidad. Su textura suave y aterciopelada, color verde profundo y tolerancia al tráfico pesado convierten en una de las mejores opciones para los patios, canchas deportivas y campus. Kentuchky Bluegrass se deben plantar en suelo arcilloso. El césped pronto se pondrá inactivo durante el calor del verano si no se riega con mucha frecuencia, y es poco tolerante a la sombra.

Perennial ryegrass: se establecerá como un césped más rápido que cualquier otra especie, por eso se usa mucho en la resiembra de grama ya existente. Se requiere riego frecuente durante el verano, y forma un césped que tiene una tolerancia muy alta para el tráfico y va a tolerar un poco de sombra. Prefiere pleno sol, pero no es tolerante a un calor extremo se adaptan mejor a los ambientes húmedos y fríos con buen drenaje.

Por lo tanto no tolera la sequía y deben ser regado bastante durante los períodos cálidos y secos, siempre teniendo en cuenta las normas de cuando hablamos del riego de la grama aunque es permitido hacerlo diariamente en los picos de temperatura en verano. Esta especie se deben plantar en un suelo rico y arcilloso.

Tall fescue : Es una hierba durable, flexible, requiere profunda, pero poco frecuente de riego, y es muy resistente a la sequía. Se encuentra en casi todos los estados y es la mejor opción para las zonas de transición. Se establece lentamente, pero que requiere mucho mantenimiento, y pueden crecer en suelo arenoso a suelo arcilloso. Tienen cierta tolerancia para sombra. Una cosa importante : No debe ser mezclada con cualquier otra especie de hierba.

Cuando hablamos en capítulos anteriores sobre los beneficios de realizar un Estudio del suelo (soil test) también dijimos que ningún suelo era igual, que muchas veces era diferente nuestro suelo al del vecino e incluso dentro de nuestra propiedad podíamos tener distintos tipos de suelos y por eso adquiere mayor importancia la textura de nuestro suelo cuando vamos a elegir nuestra semilla.

Por lo tanto puede ser útil observar los tipos de semillas de césped que son ideales para nuestra región y en especial para nuestro suelo antes de tomar una decisión. Además de los atributos de su región, también es útil tener en cuenta la singularidad de nuestra área en particular y nuestra yarda.

Debemos tomar en cuenta variables únicas para nuestra área, como la frecuencia de las sequías, el acceso al agua de riego, los suelos arenosos o arcillosos excesivamente, y la cantidad de sombra / sol en el jardín. Teniendo en cuenta las características únicas de nuestro jardín le ayudará a determinar qué tipo de semilla de grama va a sobrevivir y crecer mejor en su ubicación.

Se puede incluso dar el caso extremo de que tengamos en nuestro mismo terreno dos áreas bien definidas, una de pleno sol y otra de completa sombra, que tengamos que plantar dos tipos de semilla diferentes, una para cada zona extrema.

Es un caso extremo y no deseable pero puede suceder

Habiendo elegido ya nuestra zona podemos usar también una clasificación específica para nuestra área y por ejemplo para **zonas áridas** podremos usar Talll Fescue, Fine fescues, Bermudagrass y Buffalograss

Si nos ponemos mas exigentes con nosotros mismos podemos elegir nuestra grama de acuerdo a nuestro estilo de vida o nuestros gustos. Es decir nos gusta trabajar en la grama o nos gusta más difrutarla ?, cuidarla de una manera especial o simplemente lo regular ?, tenemos niños o mascotas que también disfrutan de la grama?

De acuerdo a la respuesta será nuestra elección. Aquí les ofrezco una pequeña ayuda :

Semillas que requieren **bajo mantenimiento**

Las gramíneas de tipo Tallfescue, Fine fescues (varias especies) y Buffalograss

Si se necesita grama que tenga **resistencia al alto tráfico** entonces podremos elegir las siguientes :

Kentucky Bluegrass (tráfico intenso), Bermudagrass (tráfico intenso), Perennial ryegrass (tráfico moderado)

Bueno ya pudimos elegir la semilla de acuerdo a la zona donde vivimos, nuestro estilo de vida, y las características de nuestro suelo y de nuestra área y vamos a la tienda correspondiente a comprar nuestra semilla o simplemente la decidimos comprar por Internet donde podremos elegir tranquilo.

Cualquiera sea el lugar, la tienda o la red, nos encontramos que la oferta es increíblemente enorme y nos llena de dudas a pesar de que tenemos claro lo que necesitamos.

Vemos que cada marca tiene del mismo tipo de semilla una cantidad de opciones.

Pues tranquilo, el consumidor tiene un arma a su favor que lo ayudará a hacer la elección final y de forma acertada.

La llave que determina la calidad de la semilla es lo que se conoce con el nombre de **Etiqueta de Análisis de la Semilla** más conocida por su nombre en inglés **Seed Analysis Label**

Esta etiqueta que por ley debe aparecer en cada paquete de semillas que se venden, se ofrece un desglose de los contenidos del paquete de la semilla en la que aparece. La etiqueta de análisis en los envases comunes de bolsas hasta aproximadamente 30 libras son en el propio envase, y si la semilla se vende en grandes cantidades, en una etiqueta atada al packaging del contenedor de almacenamiento

Aunque las definiciones legales pueden varíar algo de un estado a otro, la mayoría de las etiquetas de análisis contienen la siguiente información :

Pureza - Purity: el porcentaje en peso de semillas de hierba pura. La etiqueta debe mostrar el porcentaje en peso de cada tipo de semilla en la mezcla

Porcentaje de Germinación - Percent Germination: Este dato es muy importante y es el porcentaje de semilla pura que fue capaz de germinar en la fecha de la prueba. La fecha de la prueba es muy importante. Si ha pasado mucho tiempo de la prueba de germinación, la semilla es más vieja y menos probabilidades de germinar satisfactoriamente va a tener. No olvidemos lo que dijimos anteriormente que una de las causas de que no creciera una semilla podía ser su fecha de caducidad y a pesar de que los packaging no dicen ninguna fecha de expiración es bueno tomar un año como límite de expiración.

Semillas de cultivos – Crop Seed :El porcentage en peso de semillas de los cultivos comerciales en la mezcla, Se trata de especies indeseables para el césped

Maleza - Weeds : el porcentaje en peso de semillas de malas hierbas en la mezcla. Una semilla califica como una semilla de malezas si no ha sido contado como una semilla pura o una semilla de cultivo (crop seed).

Noxious Weeds - hierbas nocivas.: Estas son las malas hierbas que son extremadamente indeseable y difícil de erradicar. El número dado es por lo general el número de semillas por libra o por onza de semillas de malas hierbas.

Inert Material - Material inerte : El porcentaje en peso de material en el envase que no va a crecer. Generalmente el material inerte ya está presente en la semilla y no se quita porque el costo involucrado elevaría el precio de la semilla.

Textura de la semilla – Texture grasses : El detalle de porcentaje de los tipos de semilla de distintas clases que están presente en el packaging y además detallar si existen semillas de "pastos duros"

Por que es importante esta Etiqueta de Análisis de la Semilla (Seed Analysis Label) ?

Pues además de que nos informa legalmente todos los componentes de la semilla que vamos a comprar para adornar nuestra casa, el contenido de la misma marcará el precio que vamos a pagar por la semilla.

De que manera?

Pues todo lo que se detalla en esta etiqueta influye directamente en el precio que vamos a pagar.

Todo es importante para determinar su precio : el grado de pureza, que tipo de semilla contiene la mezcla, el porcentaje de germinación: a mayor porcentaje mayor valor, si existen "pastos duros" o no, la cantidad de malezas y malezas nosivas : a mayor porcentaje menor valor de costo aunque después tendremos más mala hierba en nuestra grama y tendremos que gastar en herbicidas, por lo que ahorramos en un principio lo vamos a gastar más adelante.

Capítulo 13

Tips y Resúmen final

"Todo lo que sea bueno para la grama y el jardín lo será para nuestro medio ambiente"

Sabiendo en que zona de la nación vivimos es vital contestar la pregunta : Como está nuestro suelo ? la respuesta : Realizar un test de nuestro suelo (Soil Test en inglés)

Para que la grama crezca bien el nivel de pH deseado debe ser de 6.2 a 6.5. Estos niveles maximizan el crecimiento del césped

Debemos tener un plan anual de trabajo y respetarlo para el cuidado de la grama :

Escenas de trabajo :

Marzo 20/ Abril 20 – Temprana Primavera – **"Escena Alfa A α"**

Abril / Junio 20 – Tardía Primavera- **"Escena B β Beta"**

Junio / Septiembre 21– Verano **"Escena Gamma Γ γ"**

Septiembre 22 Comienzo del Otoño **"Escena - Delta δ"**

Diciembre 21/22 Comienzo del Invierno **"Escena Epsilon E ε"**

Debemos conocer las verdaderas medidas del terreno donde vamos a trabajar.

Esto es muy importante por que nos permitirá determinar la cantidad de fertilizantes que debemos usar, lo mismo pasará con la cantidad de semilla o rollos de grama a usar si es que necesitamos volver a plantar grama. Es una medida que siempre debemos tener presente.

La nieve también nos ayudará a controlar alguna mala hierba. La nieve es un herbicida natural y orgánico

La primer tarea que debemos hacer con nuestra grama es **rastrillar en la escena Alpha** y nos permitirá ver las áreas descubiertas o desgastadas que necesitan atención y en la que trabajaremos

Otra acción muy recomendable **es aerear el suelo.** Un césped de más edad o con mucho tráfico pueden sufrir de la compactación del suelo y el aerarlo lo hará "respirar" mejor

Debemos tener bien claro la clasificación de Herbicidas para hacer una buena elección :

herbicidas preemergentes que funciona antes de que germine la semilla de la maleza

herbicidas postemergentes para utilizar después de crecida la maleza

herbicidas específicos para cada tipo de maleza y **no específicos** que atacan a todas las plantas sin distinción

herbicidas regulares con acción en 24 horas y los de **extensiva acción** que después de actuar sigue funcionando por un tiempo actuando

Otro factor que nos ayudará a detener la acción de la mala hierba es hacer una **buena elección de la grama**

El riego controlado que no supere 1 ½ " a 2" ½ de agua **por semana** va a mejorar el vigor del césped.

Antes de cada re-siembra o siembra parcial, necesitamos haber cortado la grama existente por que hay que dejar crecer la nueva grama un mínimo de 3" y así se verá mejor.

Debemos tener en cuenta que existe en jardinería una medida muy utilizable que es la siguiente :

Cuando hablamos de 1 mes = significa 4 cortes de grama (1 x semana)

Lo ideal es regar o por la mañana bien temprano o por la tarde. Siempre sin la presencia de sol

NUNCA debemos cortar la grama muy corta, siempre debemos dejar que crezca entre 3" y 4". Cuando cortamos la grama debemos "provocar" en realidad un "peinado" de la grama en lugar de un corte.

Tanto el exceso como las carencias de cantidades adecuadas de fertilizantes son perjudiciales para la grama

Los riegos de la grama se van espaciando cada vez más en otoño y dependiendo de las lluvias caídas, se puede suprimir totalmente.

Con temperaturas bajas no hay germinación por lo tanto no debemos sembrar en los momentos más fríos y, no debemos plantar en momentos de mucho calor, o sea no plantar ni en invierno ni en pleno verano.

Siempre debemos hacer la aplicación de fertilizantes o de semilla e incluso el corte de la grama a lo largo del terreno, nunca a lo ancho

Generalmente a lo largo del terreno es la dirección por donde se hace el drenaje del agua en el terreno. Por lo tanto es bueno trabajar en ese sentido.

Antes de iniciar ya sea, la siembra, o la re-siembra o poner rollos de grama (Sod) debemos controlar el nivel del terreno.

El "diseño de ladrillo" es el ideal para la aplicación de los rollos de grama

Ninguna decisión es más importante que elegir el tipo de semilla de grama que vamos a usar y la llave que determina la calidad de la semilla es lo que se conoce con el nombre de **Etiqueta de Análisis de la Semilla** más conocida por su nombre en inglés **Seed Analysis Label**

Fuentes muy valiosas para confeccionar este manual

LaMotte Company Lab.

www.earthlypursuits.net

www.gardeners.com/ Gardener's Supply

www.infojardin.com

www.ehowenespanol.com

www.naturesfinestseed.com/grass-seed

Printed in the United States
By Bookmasters